DAS WAR KUNST
JETZT IST ES WEG

CORA WUCHERER

DAS WAR KUNST
JETZT IST ES WEG

DUMONT

VORWORT

Ein Moment der Unachtsamkeit, eine falsche Entscheidung, allzu menschliche Ungeschicklichkeit: Etwas Wertvolles ist schneller zerstört, als man denkt. Da gibt es Menschen, die sich selbst für Künstler halten und ungefragt Restaurierungsmaßnahmen ergreifen. Oder die, die Skulpturen kurzerhand entsorgen oder wegputzen, weil sie meinen, es handle sich dabei um Müll oder Dreck. Und dann sind da noch diejenigen, die an ihrer eigenen Koordination scheitern und Kunstwerke ganz wortwörtlich mit ins Unglück reißen.

Wann der erste Kunstunfall der Geschichte passierte, lässt sich nicht sagen. Wahrscheinlich ist die versehentliche Zerstörung von Kunstwerken fast genauso alt wie die Kunst selbst.

Wer weiß, vielleicht wischte schon ein Neandertaler eine der großen Höhlenmalereien weg und brachte uns damit um ein Zeugnis der Vergangenheit? Die hier gesammelten Pannen erstrecken sich von frühgeschichtlichen Werken – das älteste ist 3.000 Jahre alt – bis hin zu zeitgenössischer Kunst.

Sie ereigneten sich in den letzten Jahrzehnten und Jahren. Und wahrscheinlich ist mittlerweile schon wieder etwas passiert. Die Missgeschicke trafen große Künstler wie Pablo Picasso, Joseph Beuys oder Jeff Koons und richteten Schäden in Millionenhöhe an. Und sie ereilten Werke von Kunstschaffenden, deren Namen man vorher vielleicht noch nie gehört hatte, und machten diese erst bekannt oder gar berühmt.

Die Objekte wurden übermalt, zerbrochen, verbrannt, von Fensterbrettern und Sockeln gestoßen, schlecht ausgebessert, zweckentfremdet – aber alles ohne böse Absicht. Um mutwillige Zerstörung, um Angriffe auf Kunst, soll es hier nicht gehen. Manche Werke ließen sich retten, manche sind für immer verloren, manche erlangten eine neue Bedeutung.

Die Unfälle erzählen ihre ganz eigenen Geschichten, rund um die großen Fragen: Was ist eigentlich Kunst? Wer entscheidet das? Und was passiert mit ihr, wenn sie verändert wird?

GUT GEMEINT
IST NOCH
LANGE NICHT
GUT GEMACHT

Für Fälle wie diese wurde das Wort »verschlimmbessern« erfunden: Wenn sich übermotivierte Rentnerinnen, Kirchgänger oder selbsternannte Restauratorinnen mit besten Absichten ans Werk machen, entstehen die absurdesten Neuschöpfungen.

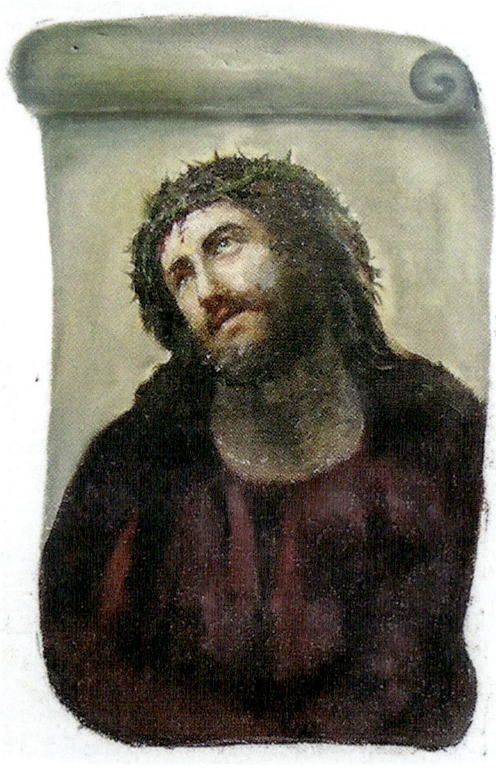

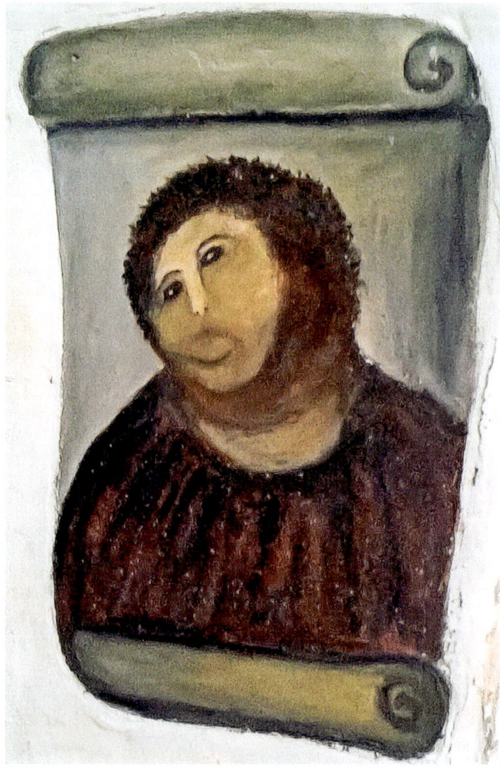

Borja, Spanien, 2012

AFFENZIRKUS

Am 22. August 2012 malte Cecilia Giménez Geschichte. Die 81-jährige Spanierin wollte sich im Ruhestand wohl neuen Hobbys zuwenden und wählte die Kunst. Als sie in der Kirche Santuario de Misericordia das von der Feuchtigkeit zersetzte Jesus-Fresko *Ecce Homo* sah, griff sie kurzerhand selbst zum Pinsel. Geschaffen hatte Elías García Martínez das Fresko 1930. Der lateinische Ausdruck *Ecco Homo* heißt auf Deutsch so viel wie »Sehet, welch ein Mensch!«. Aber sehet, welch ein Ergebnis, als Giménez mit ihrer Arbeit fertig war: Statt Jesus mit Dornenkrone prangte nun ein Äffchen an der Kirchenwand, ein Monchichi. Es wurde ein Internet-Meme, das viral ging und die Rentnerin weltweit bekannt machte. Das Fresko bekam den Spitznamen »Ecce Monchichi« – und Giménez reichlich Spott ab. In den ersten Fernsehaufnahmen sah man sie händeringend, aufgebracht. Die Hinterbliebenen des Künstlers drohten gar, sie für die Zerstörung zu verklagen.

Die vielleicht bekannteste Restaurierung der Geschichte – und was darauf folgte

▶ Allerdings: Spott und Unmut wurden schnell zu Neugier und Begeisterung. In den drei Jahren nach der Restaurierung pilgerten mehr als 150.000 Menschen aus aller Welt zur Wallfahrtskirche nahe Borja, um den Affenjesus live zu sehen, gegen eine Spende von vier Euro. Und natürlich, um ein Selfie mit dem berühmt gewordenen Bild zu machen. Fanclubs gründeten sich. Sie kämpften sogar gegen die Wiederherstellung des Originalfreskos. Mit Erfolg: Der Affenjesus blieb. Und nicht nur das: Als der Autor Andrew Flack an seinem Küchentisch in Denver in der Zeitung von Giménez' Geschichte las, war er begeistert. So sehr, dass er die Story gemeinsam mit Paul Fowler, einem befreundeten Komponisten, in eine Oper umwandelte. Statt sich über Giménez lustig zu machen, nahmen sie bald selbst Menschen aus der Kunstwelt in Schutz. So auch der deutsche documenta-Künstler Daniel Knorr: »Ihre Handlung entstand aus einer Liebe heraus, aus ihrem Glauben und ihrer Verbundenheit mit der Kirche. Sie hat bewiesen, dass man eine neue Geschichte erzählen kann. Man sollte keine Angst vor dem Neuen haben«, äußerte er. Giménez selbst fand, von dem Neuen könne sie auch profitieren. Sie sagte, sie habe Anteil an dem wirtschaftlichen

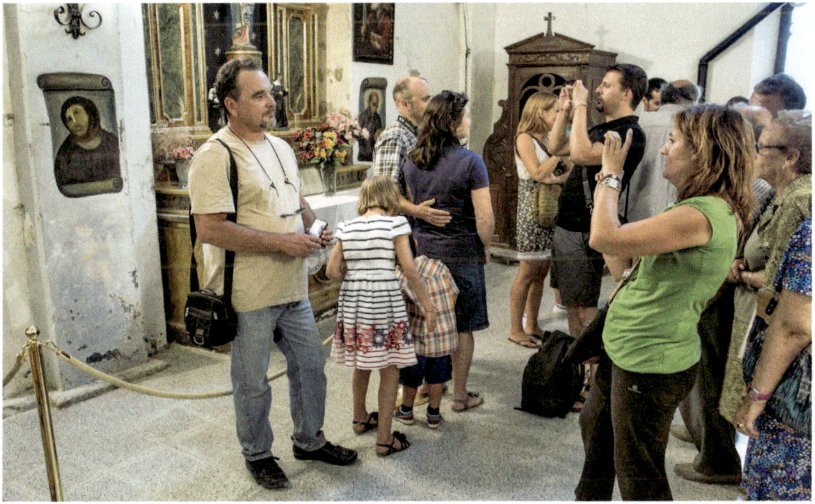

Aufschwung, den Borja durch den Schwarm an Touristen erlebte, und forderte mithilfe eines Anwalts einen Anteil am Gewinn. Den wolle sie spenden.

Im September 2023, mehr als 10 Jahre nach dem Vorfall, feierte die Oper *Behold The Man – La Ópera de Cecilia* im Nicholas J. Horn Theatre in Las Vegas Weltpremiere. Ein später Triumph für Cecilia Giménez. Und man gönnt ihn ihr, besonders wenn man weiß, dass nur wenige die Kirche auf dem Hügel so häufig betreten oder das Fresko so häufig gesehen hatten wie sie. An diesem Ort hatte Giménez geheiratet und ihre beiden Söhne taufen lassen. Wer, wenn nicht sie, sollte hier Neues schaffen?

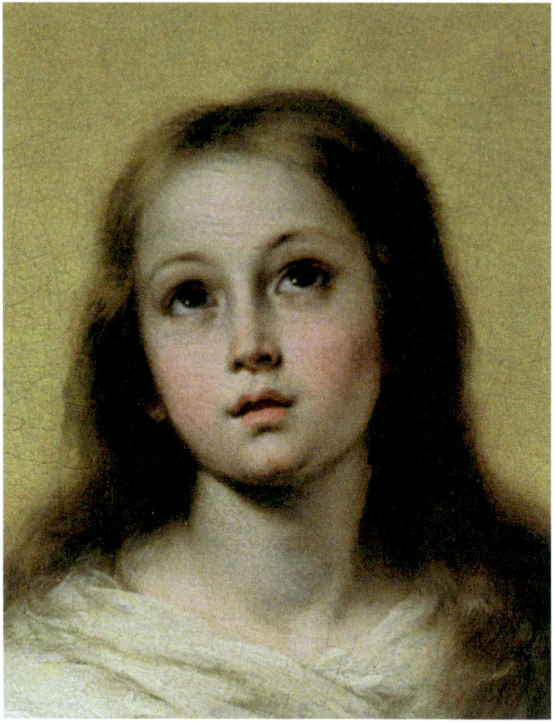

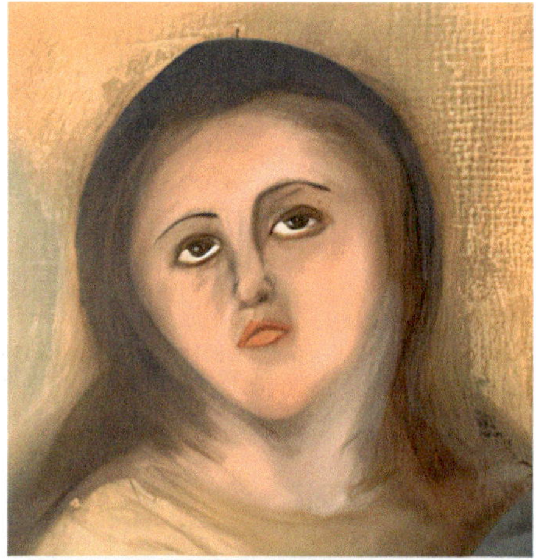

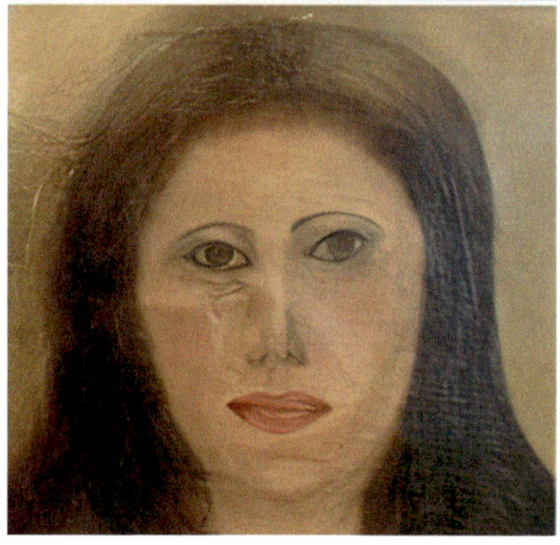

Valencia, Spanien, 2020

MARIAS MAKE-OVER

Ein Privatsammler wollte sein Marienbildnis auffrischen lassen und beauftragte einen – wie er dachte – professionellen Restaurator in Valencia. Das Ergebnis sieht aus wie schlecht geschminkt: Dünne, dunkle 90er-Jahre-Augenbrauen, zu viel Kajal und verschmierter, greller Lippenstift. Statt andächtig schaut die neue Jungfrau Maria so motzig, als hätte sie ihr eigenes verpfuschtes Spiegelbild gesehen. Der Auftraggeber war von dem Anblick wohl schockiert, wollte dem Restaurator aber dennoch eine zweite Chance geben. Nur wurde es leider nicht besser – die drei Damen würden nicht mal als Schwestern durchgehen. Hätte es nicht eine geeignetere Person für den Job gegeben? Auch die Royal Academy of Arts, eine der bekanntesten Kunstinstitutionen Großbritanniens, war erstaunt und stellte auf Twitter dieselbe Frage. Kreative Köpfe posteten daraufhin Maria mit Lego-Haupt, mit dem Gesicht von Donald Trump und mit Quark-Gurken-Maske. Die Erholung hätte sie sich wahrlich verdient.

Rañadoiro, Spanien, 2018

DEN NACHBARN HAT'S GEFALLEN

Die Heilige Anna ist die Schutzheilige der winzigen nordspanischen Gemeinde Rañadoiro. Eine hölzerne Figurengruppe zu ihren Ehren stand in der Dorfkirche. Und sah ein wenig abgegriffen aus, fand Maria Luisa Menendez, Inhaberin des örtlichen Tabakladens. Die Heilige Anna, Maria und das Jesuskind könnten ruhig ein bisschen Farbe vertragen. Also schritt sie in bester Frühaufsteherlaune zur Tat und malte den Holzstatuen aus dem 15. Jahrhundert knallige Kleidung sowie rote Lippen, alles in gut deckender Industriefarbe. Der Restaurator Luis Suárez Saro hatte die Figuren erst 15 Jahre zuvor professionell bearbeitet. Trotzdem bekam Menendez vom Pfarrer wohl die Erlaubnis für ihre persönliche Neugestaltung – und verteidigte sie danach: »Ich bin keine professionelle Malerin, aber ich habe das immer gerne gemacht. Also habe ich so gut gearbeitet, wie ich konnte, und den Nachbarn hat es gefallen.« Das will was heißen – immerhin hat das Dorf stolze 16 Einwohner.

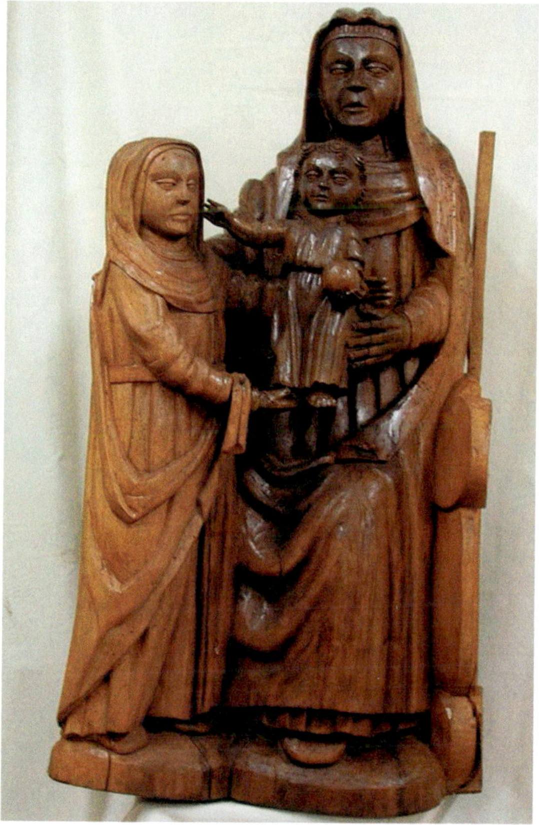

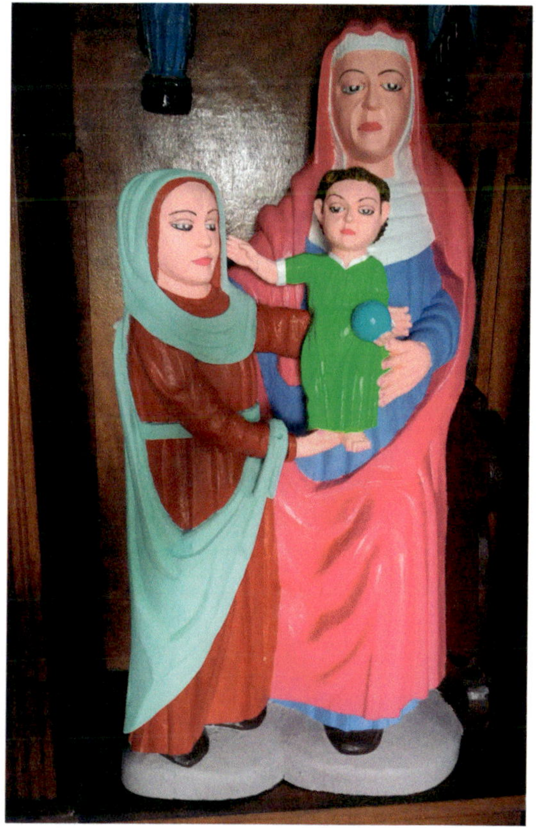

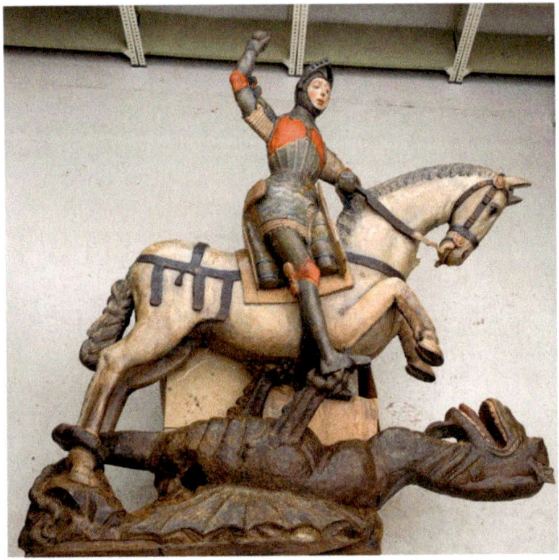

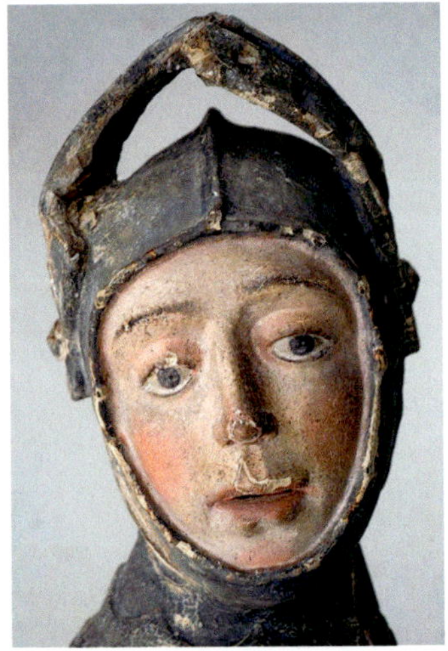

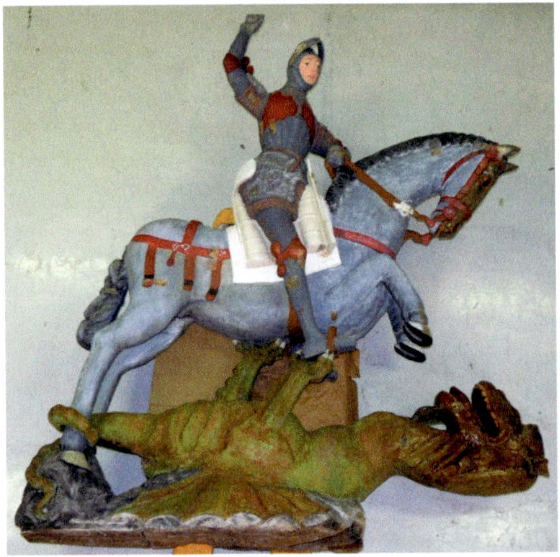

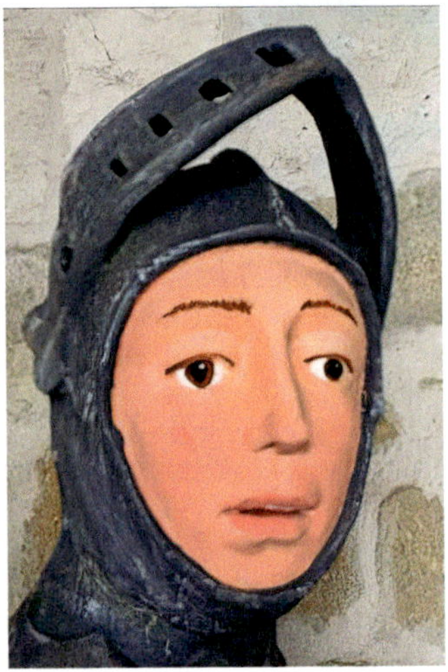

Estella, Spanien, 2018

SPANIEN, VORREITER DER MISSGLÜCKTEN RESTAURIERUNGEN

Gerade in Spanien häufen sich Fälle von Restaurierungen, die daneben gingen. Das mag daran liegen, dass das Land über ein umfangreiches kulturelles und historisches Erbe verfügt. Und über motivierte Selfmade-Restauratoren. Diese jahrhundertealte Holzfigur des heiligen Georg aus der Iglesia de San Miguel Arcángel in der Provinz Navarra gehört zum spanischen Kulturerbe – oder gehörte, bevor ein Mann, vermutlich der Lehrer einer Handwerksakademie, sich ans Werk machte und ihr einen neuen Anstrich verpasste.

RELIEF AM GEBÄUDE AN DER CALLE MAYOR | *1919*

»Das ist keine Restaurierung, das ist ein Anschlag.«

Fernando Carrera, Professor für Denkmalpflege

Palencia, Spanien, 2020 oder früher

DER KARTOFFELKOPF VON PALENCIA

Vor gut hundert Jahren wurde dieses Gebäude an der Calle Mayor in Palencia erbaut. Die Fassade ist verziert mit filigranen ländlichen Szenen. Darunter auch eine Magd, mit Kopftuch und feinen Gesichtszügen – ehemals. Ein Maurer hatte anscheinend seine Fähigkeiten überschätzt und sie in eine grobschlächtige Comicfigur verwandelt. Wann diese missglückte Überarbeitung passierte, weiß man nicht. Weltbekannt wurde sie 2020, als ein ortsansässiger Künstler Fotos des Reliefs im Internet veröffentlichte und man ihr den Spitznamen »Der Kartoffelkopf von Palencia« verpasste. In Spanien ist nicht gesetzlich geregelt, wer solche Werke restaurieren darf. Auch deshalb häufen sich derartige Pfuscharbeiten. Immerhin: Das betreffende Gebäude steht mittlerweile unter Denkmalschutz.

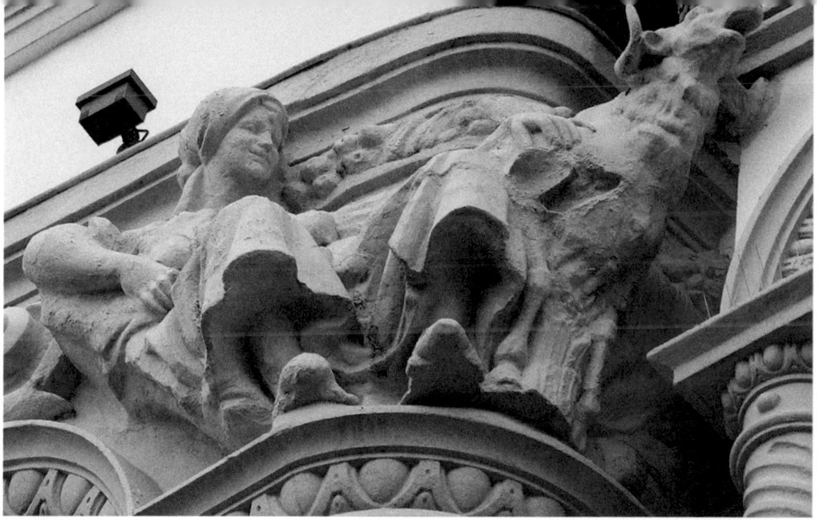

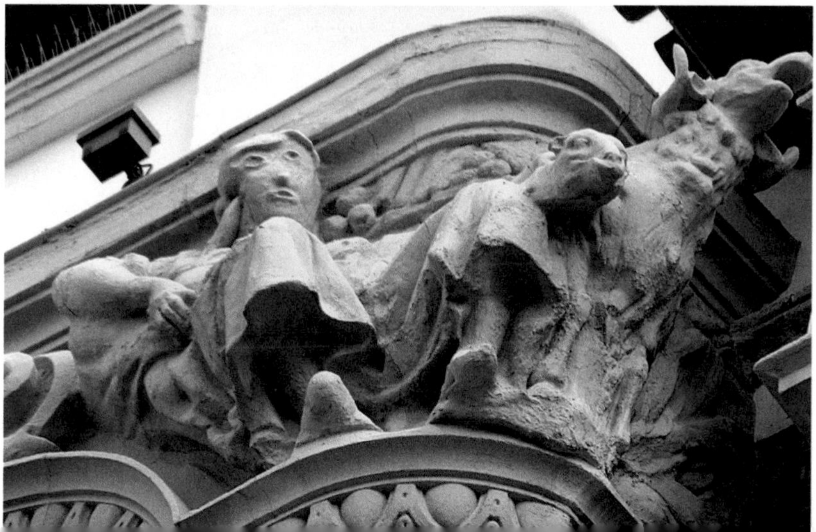

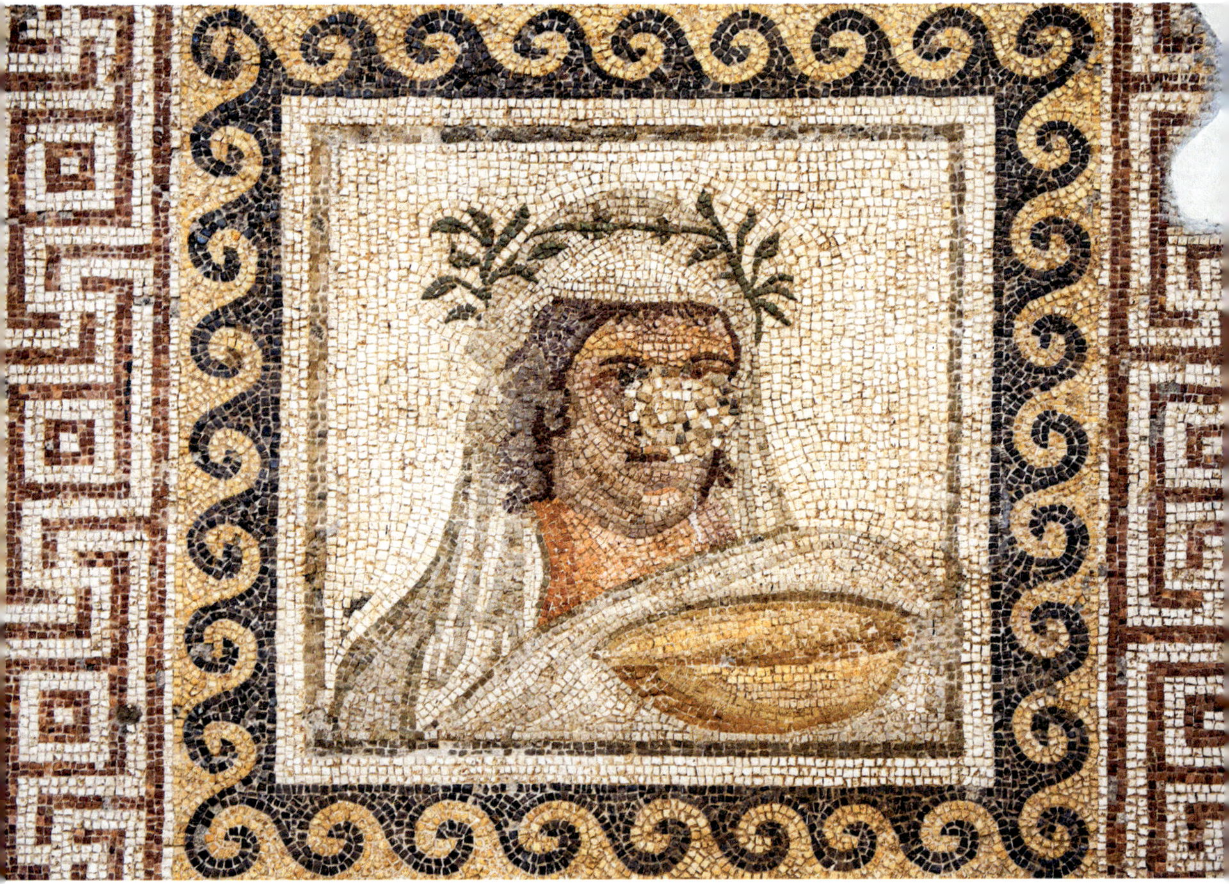

Hatay, Türkei, vermutlich 2012

VERPUZZELT

In der griechischen Mythologie ist Narziss ein schöner Jüngling, so schön, dass er sich in sein eigenes Spiegelbild verliebt und vor Sehnsucht nach sich selbst dahinsiecht. Aber bekäme dieser zusammengepuzzelte Narziss sein neues Spiegelbild zu sehen, würde er sich wohl kaum Hals über Kopf vergucken: Statt eine stolze Nase zu formen, sieht das Mosaik an dieser Stelle so aus, als hätte die unglücklich verliebte Bergnymphe Echo ihre Faust in des Jünglings Gesicht geballert.

FRESKO IN DER SIXTINISCHEN KAPELLE | *Michelangelo Buonarroti, 1508–1512*

Vatikanstadt, Italien, 2020

DANN SCHLAF AUCH DU

Im 15. Jahrhundert wurde die Sixtinische Kapelle errichtet. Ihre Innenwände und Decke schmücken unter anderem Fresken von Michelangelo. Schnarchend langweilig? Das denken sich sogar die Gemälde selbst – oder machen zumindest den Anschein: Ein Fresko, die Stichkappe über der Lünette, zeigt Isai, David und Salomo, die Vorfahren Christi. Michelangelo fertigte es in nur einem Tag. Teile des Freskos waren *a fresco* ausgeführt worden, in einer Maltechnik, bei der man alkalibeständige Pigmente, angerührt in Wasser, auf den nassen Putz aufträgt. Andere Details aber, wie die Augen, waren wiederum trocken auf den Putz, *a secco*, angefertigt worden. Das Problem: Bei der Restaurierung lösten aggressive Reinigungsmittel diese Details auf. Isais Augen verschwanden, und jetzt sieht es so aus, als wäre er in einen ewigen Schlaf versetzt worden.

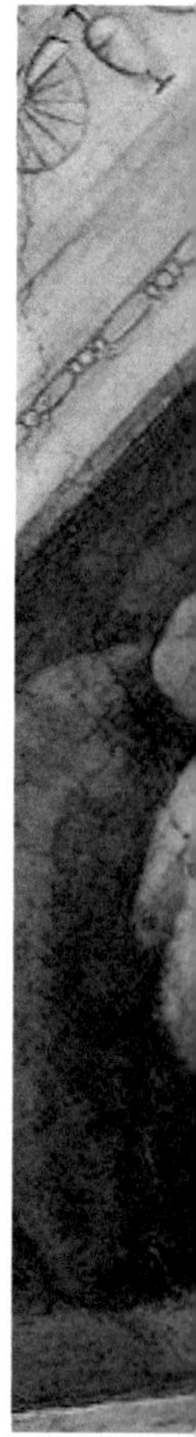

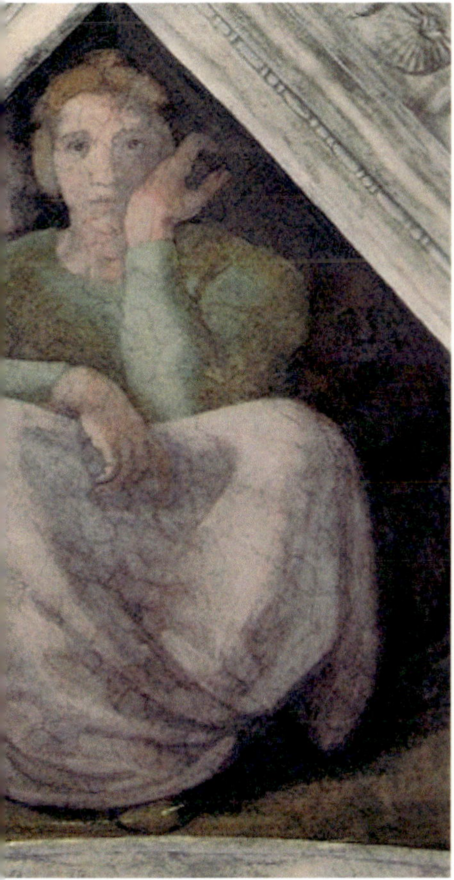

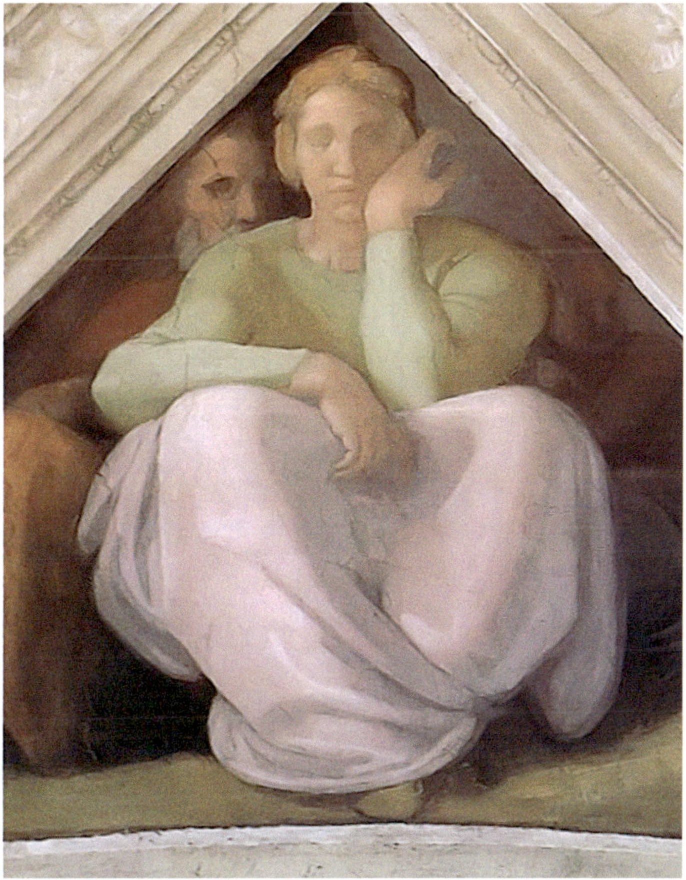

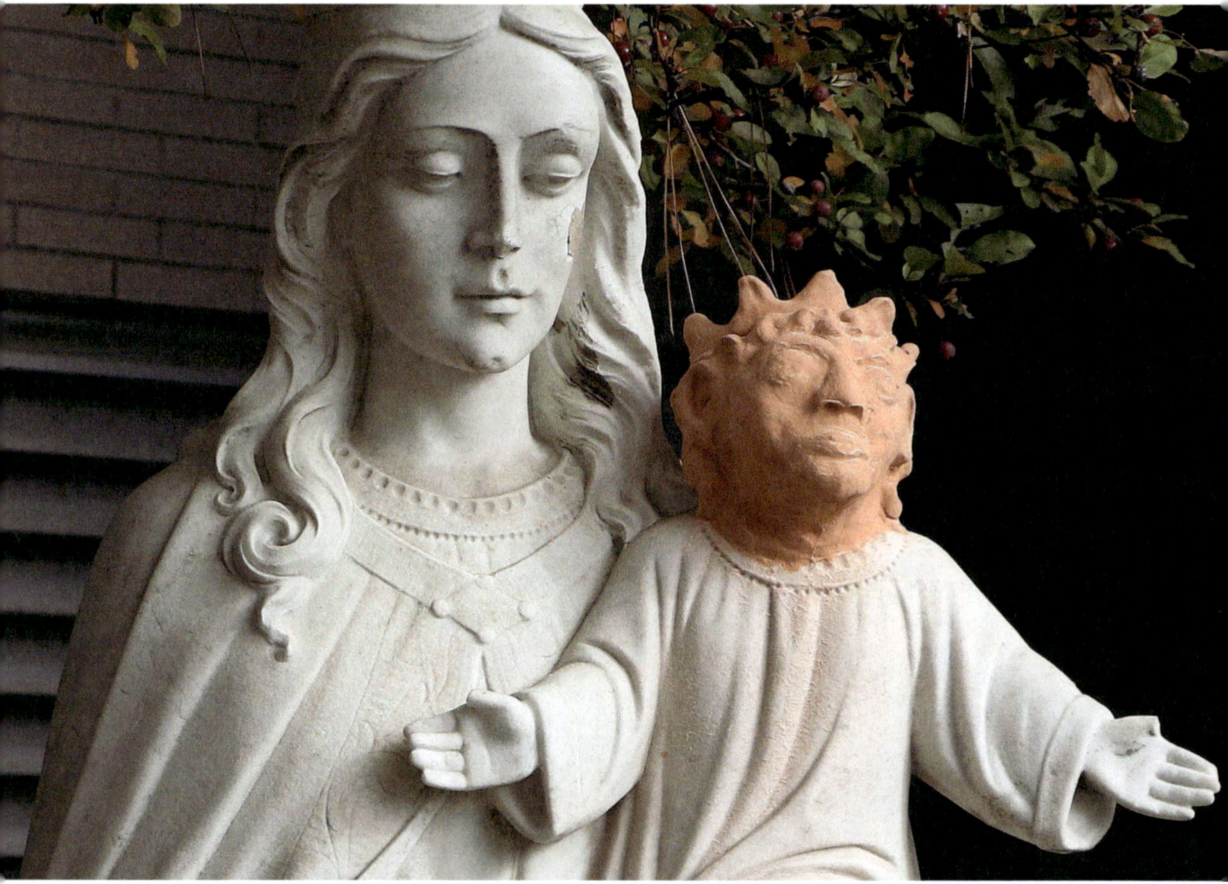

Sudbury, Kanada, 2016

KOPFLOSE KUNST

Heather Wise ist kein religiöser Mensch. Aber als sie in Sudbury, einer Stadt in Ontario, Richtung Downtown spazierte und eine kopflose Jesusstatue sah, fühlte sie tiefe Traurigkeit – für den enthaupteten Jesus, aber auch für die Person, die den Kopf in der Nacht vor Halloween gestohlen hatte. Was muss in einem Menschen nur vorgehen, der solch eine schreckliche Tat verübt? Wise ist Künstlerin. Obwohl eher auf Gemälde spezialisiert, beschloss sie, sich Jesu anzunehmen. Sie wandte sich an den Pfarrer und bot an, einen neuen Kopf zu formen, ganz ohne Bezahlung. Ihre Idee: Ein Haupt aus lufttrocknendem Lehm, das sie anschließend bemalen würde. Im Baumarkt war weißer Lehm

»Ich beschloss, stolz darauf zu sein, dass meine Kunst so viel Lachen hervorgerufen hat.«

Heather Wise

▶ ausverkauft, aber kein Problem, das leuchtende Terrakotta würde nach dem Anstrich ohnehin niemand sehen. Wise machte sich ans Werk und modellierte einen neuen Kopf für Jesus. Bemalen wollte sie ihn in den nächsten Tagen, sobald das Material getrocknet war. Doch entgegen der Wettervorhersage regnete es die ganze Nacht, und der Lehmkopf verformte sich statt zu trocknen. Bilder landeten im Internet. Wise überrollte eine Welle an Häme, sogar Todesdrohungen erreichten sie. Aber Heather Wise tat, was wahrscheinlich auch Jesus getan hätte: Sie konzentrierte sich auf das Positive, auf all die Menschen, die sie nicht auslachten, sondern mit ihr lachten. Und zweifelte nicht an ihrem Können als Künstlerin.

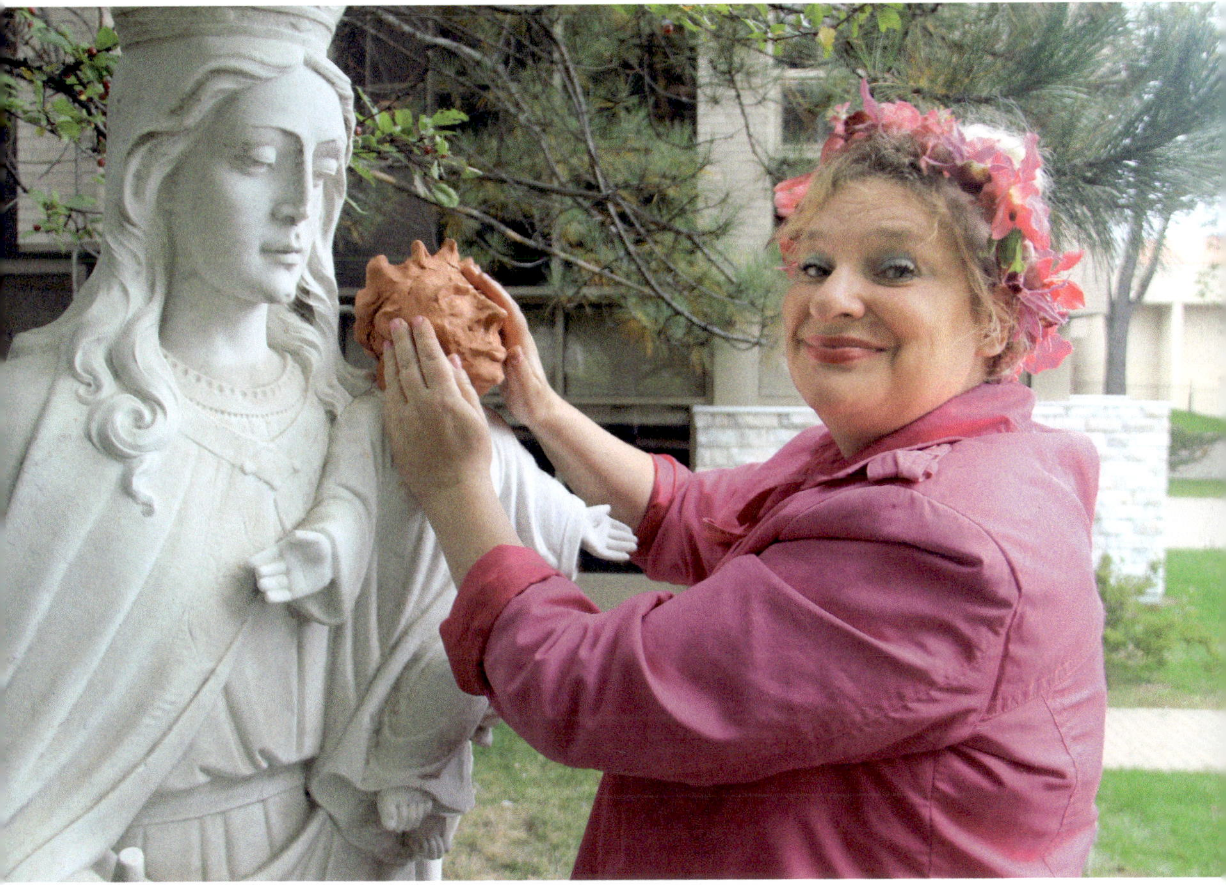

IST DAS KUNST ODER KANN MAN DA MITMACHEN?

Das dachten sich wohl diese Museumsbesucher, Sicherheitsleute und Reinigungskräfte – und haben Kunstwerke entweder missverstanden oder gar nicht erst als solche erkannt.

Nürnberg, Deutschland, 2016

VIER BUCHSTABEN, VERTIKAL, ENGLISCH FÜR »VERSAGEN«

Einen ziemlich kostspieligen »Fail« leistete sich eine pensionierte Zahnärztin, die mit einer Seniorengruppe das Neue Museum in Nürnberg besuchte. Dort war eine Collage von Arthur Köpcke ausgestellt, die auch ein Kreuzworträtsel enthält. Die 90-Jährige nahm die darüber stehende Aufforderung »insert words«, also »setze Wörter ein«, wörtlich: Sie zückte einen Kugelschreiber und begann, das Kreuzworträtsel auszufüllen. Das Museum zeigte sich wenig begeistert von so viel Mut zum Mitmachen. Schließlich zählte Köpcke zur ersten Generation der Kunstrichtung Fluxus, sein Werk war die Leihgabe eines Sammlers, mit einem Schätzwert von 80.000 Euro. Auf eine Strafanzeige hin ließ die Seniorin ihren Anwalt erklären, sie habe das Bild keineswegs beschädigt, sondern nur im Sinne des Künstlers vervollständigt. Das Museum entfernte die Schrift mit Lösungsmitteln ohne Rückstände, die Staatsanwaltschaft stellte das Verfahren ein. Als wäre nie etwas passiert.

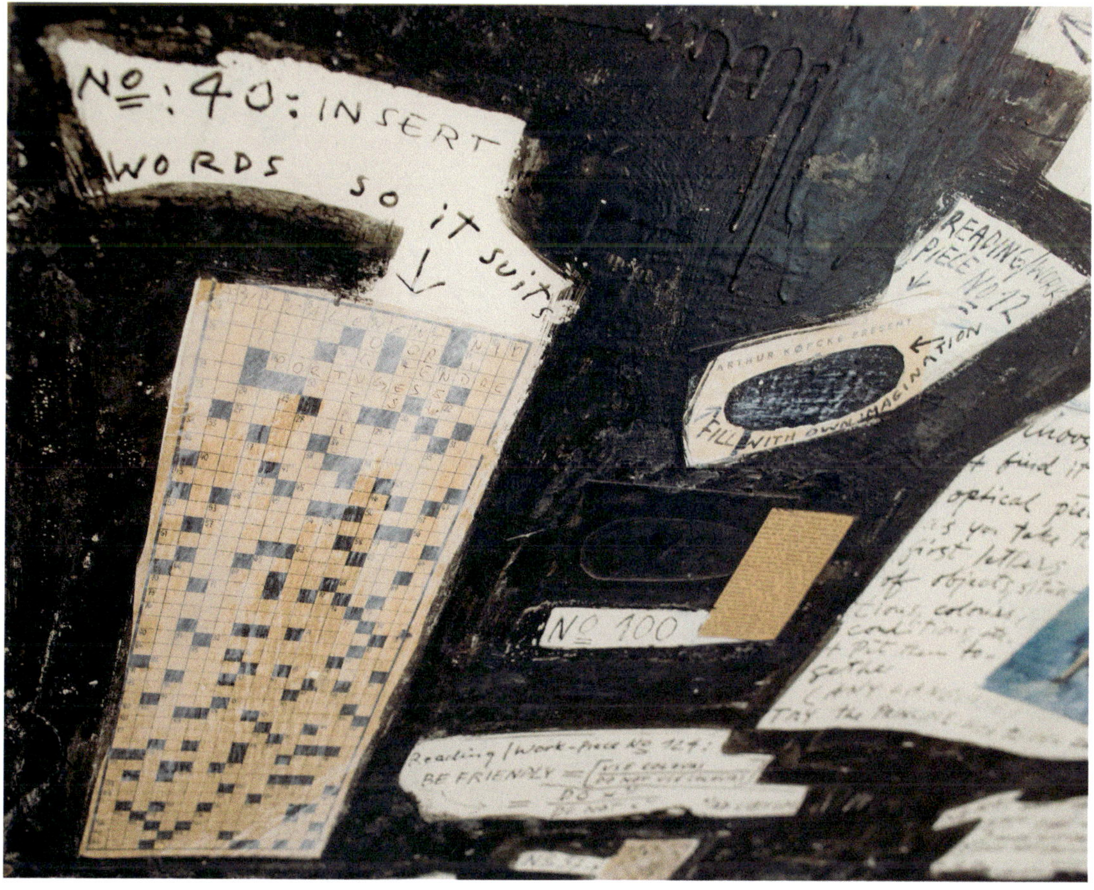

No: 40: INSERT WORDS SO IT SUITS
READING/WORK PIECE No 12
ARTHUR KØPCKE PRESENT
FILL WITH OWN IMAGINATION
No 100
Reading/Work-piece No 124:
BE FRIENDLY

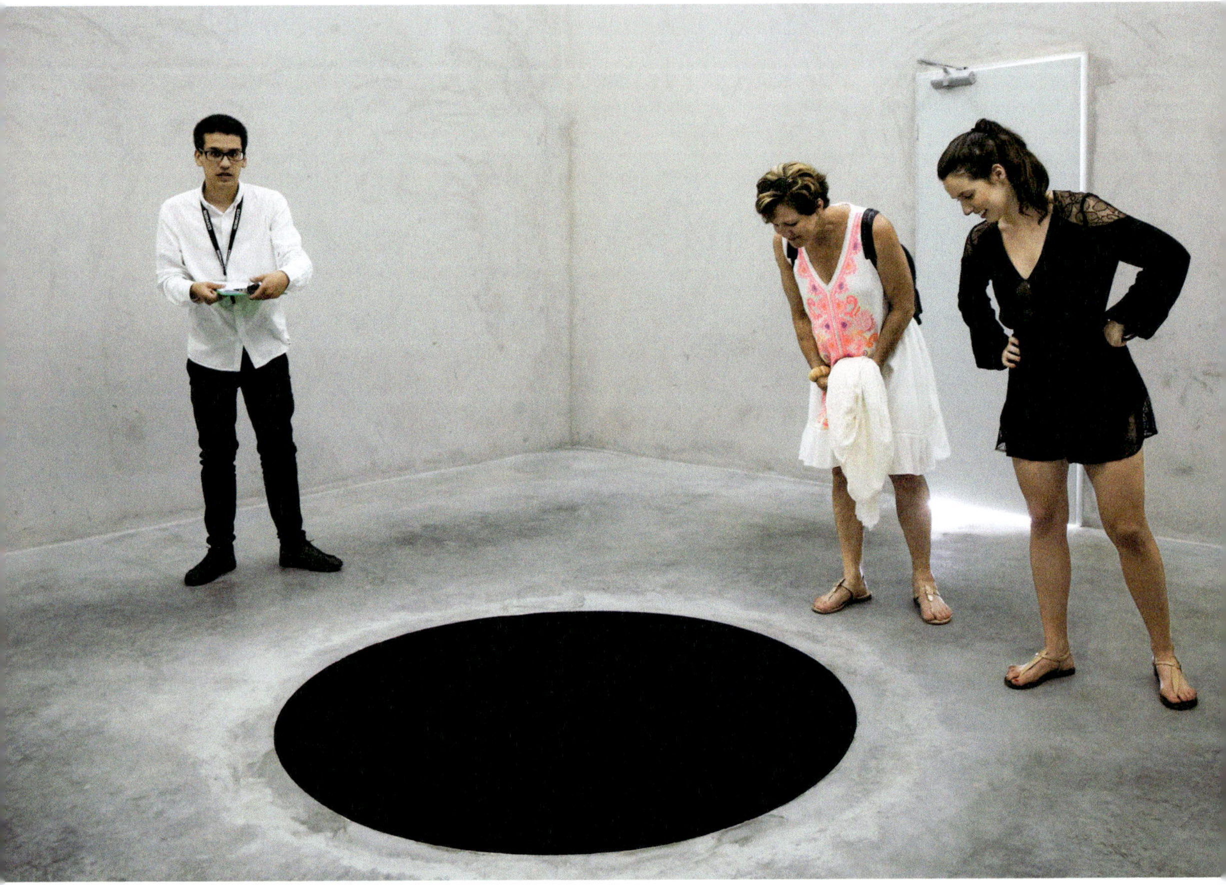

Porto, Portugal, 2018

IM BODEN VERSUNKEN

Schwarze Löcher sind schwer zu begreifen, eine direkte Beobachtung ist quasi unmöglich. Was feststeht: Sie haben eine so hohe Anziehungskraft, dass sie alle Materie in ihrer Nähe verschlingen. Das gilt für schwarze Löcher im Weltraum. Aber nicht nur dort: Im Serralves Museum in Porto stellte der Bildhauer Anish Kapoor seine Installation *Descent Into Limbo* (zu Deutsch etwa: Abstieg in die Vorhölle) aus. Dabei handelt es sich um einen sechs Meter großen Betonwürfel, den man betreten kann. Im Inneren des Kubus befindet sich ein schwarzes Loch, bemalt mit einer sehr dunklen Pigmentierung, das unendlich erscheint. Nur eine optische Illusion, dachte ein 60-jähriger Italiener, wagte sich einen Schritt zu weit vor – und fiel zweieinhalb Meter in die Tiefe. Er kam ins Krankenhaus und wurde stationär behandelt, konnte aber noch am selben Tag entlassen werden.

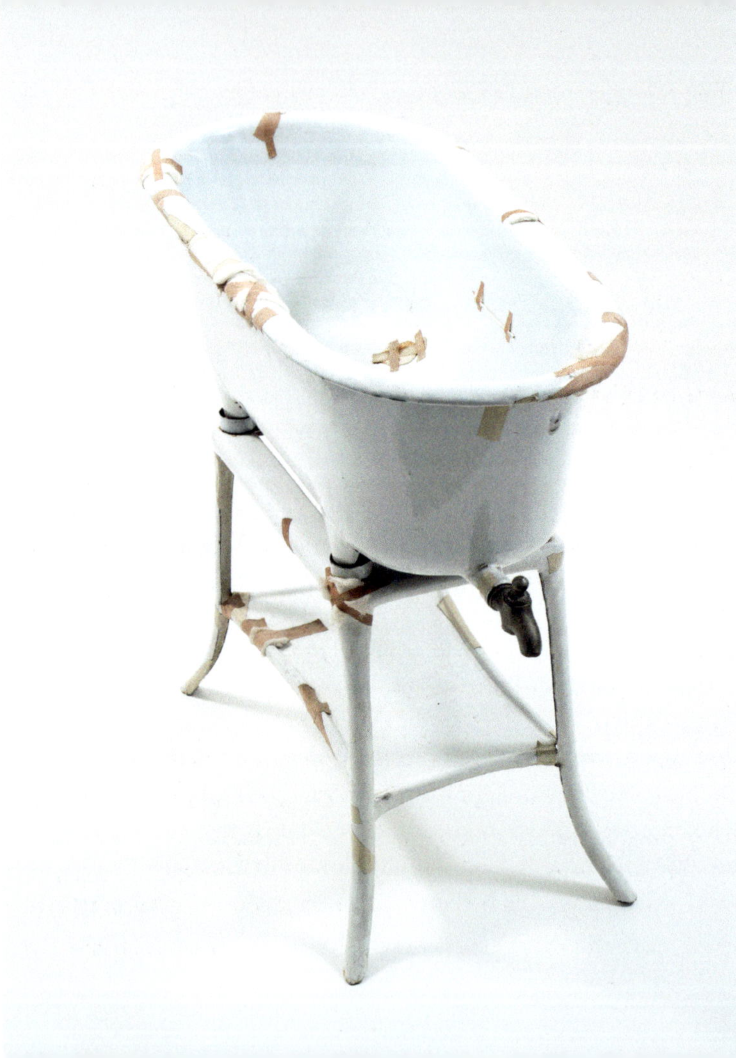

Leverkusen, Deutschland, 1973

SOWAS VON GESCHEUERT

Marianne Klein und Hilde Müller haben kein Problem damit, anzupacken. Im Herbst 1973 veranstaltete die Leverkusener SPD eine kleine Feier im Museum Schloss Morsbroich. In einem Magazinraum entdeckten die beiden Frauen eine alte Badewanne, übersät mit Mullbinden, Pflastern und Fett. Perfekt, um Gläser zu spülen, wäre sie nur nicht so dreckig. Klein und Müller schleppten die Wanne kurzerhand in den Festraum. Sie scheuerten das verdreckte Ding, bis es blitzte.

Was sie nicht wussten: In nur wenigen Minuten hatten die Frauen ein Kunstwerk von Joseph Beuys im Wert von 80.000 Mark zerstört. Mehr als zwei Jahre lang beschäftigte die Reinigungsaktion Sachverständige und Gerichte. Denn die Wanne gehörte dem Kunstsammler Lothar Schirmer, der entsetzt war, als sie wie »ein rasierter Kaktus« bei ihm abgeliefert wurde. Es folgten Klagen und Schätzungen, letztlich erhielt Schirmer 40.000 Mark Entschädigung.

Düsseldorf, Deutschland, 1986

BUTTER BEI DIE WÄNDE

Ein missverstandener Beuys kommt selten allein. Ab den 1950er Jahren setzte Beuys Fett in seiner Kunst ein, unter anderem für den *Stuhl mit Fett* (1964). 1982 schmierte er dann fünf Kilo Butter an eine Wand seines Ateliers *Raum 3* im Hauptgebäude der Düsseldorfer Kunstakademie. Das Werk bekam keinen Titel, sollte aber als *Fettecke* berühmt werden. Die Butter schmolz und ranzte vor sich hin, bis nach Beuys' Tod. Aber neun Monate nach seinem Ableben entfernte der Hausmeister das Fett von der Ecke. Beuys' früherer Atelierleiter Johannes Stüttgen fand die Überreste einige Tage später in einem großen Mülleimer der Kunstakademie. Er konservierte sie als »Reste einer staatlich zerstörten Fettecke« und klagte gegen Achtlosigkeit. Ihr endgültiges Ende fand die *Fettecke* am 19. Juli 2014. Im Rahmen der Performance *Geist* brannten das Bremer Künstlerduo Korpys/Löffler und Dieter Schmal die Überbleibsel, etwa 2 Kilo Fett, zu einem hochprozentigen Schnaps. Der soll nach Parmesan geschmeckt haben.

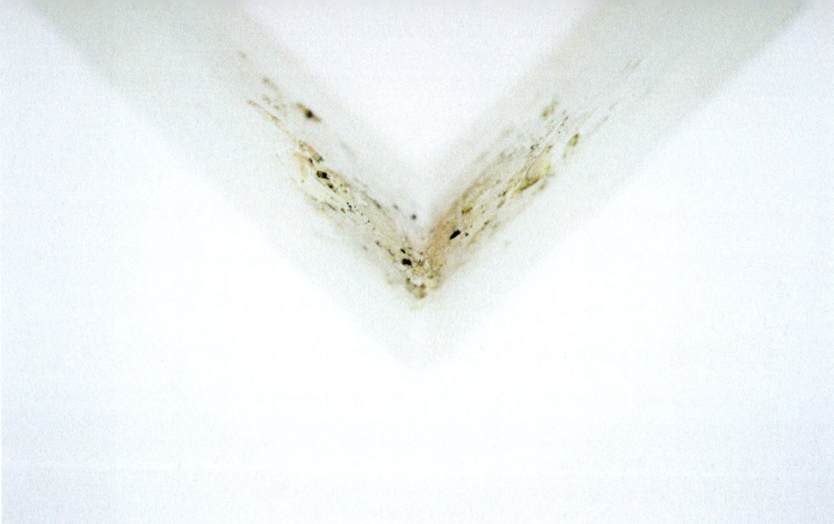

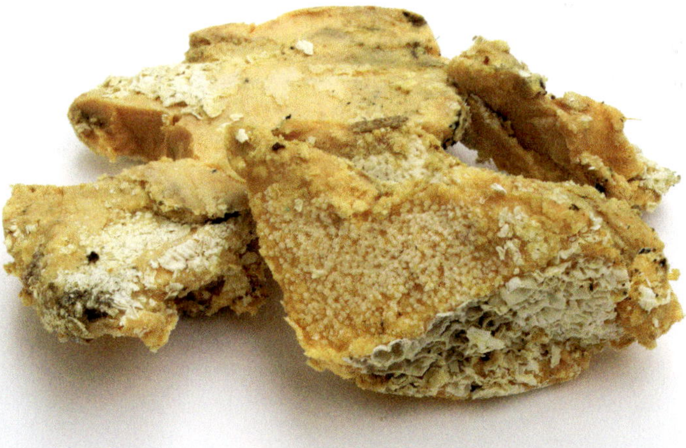

OHNE TITEL | *JonOne, 2016*

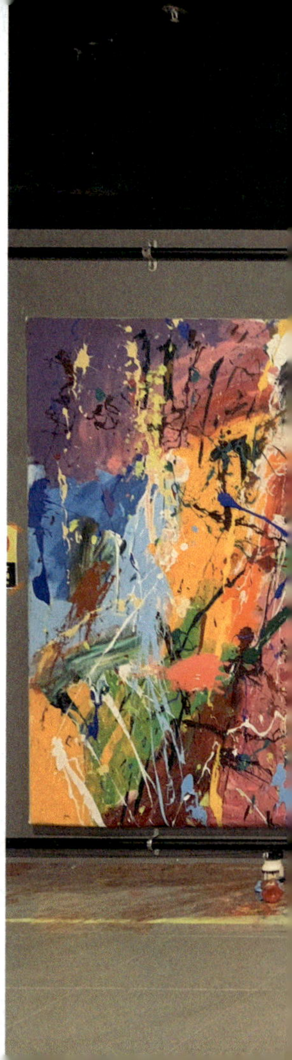

Seoul, Südkorea, 2021

MAL DIR DIE WELT, WIE SIE DIR GEFÄLLT

2016 malte der US-amerikanische Graffitikünstler JonOne in Seoul ein buntes Kunstwerk vor Publikum. Nach der Live-Performance wurde das Werk ohne Titel an verschiedenen Orten ausgestellt, gemeinsam mit den Farben und Pinseln, die er verwendet hatte. Ein junges Paar dachte, es sei ein Mitmachkunstwerk – und griff selbst zum Pinsel. Nach der kühnen Aktion wurde vor dem Kunstwerk ein Zaun aufgebaut – und Schilder mit der Aufschrift »Nicht berühren«.

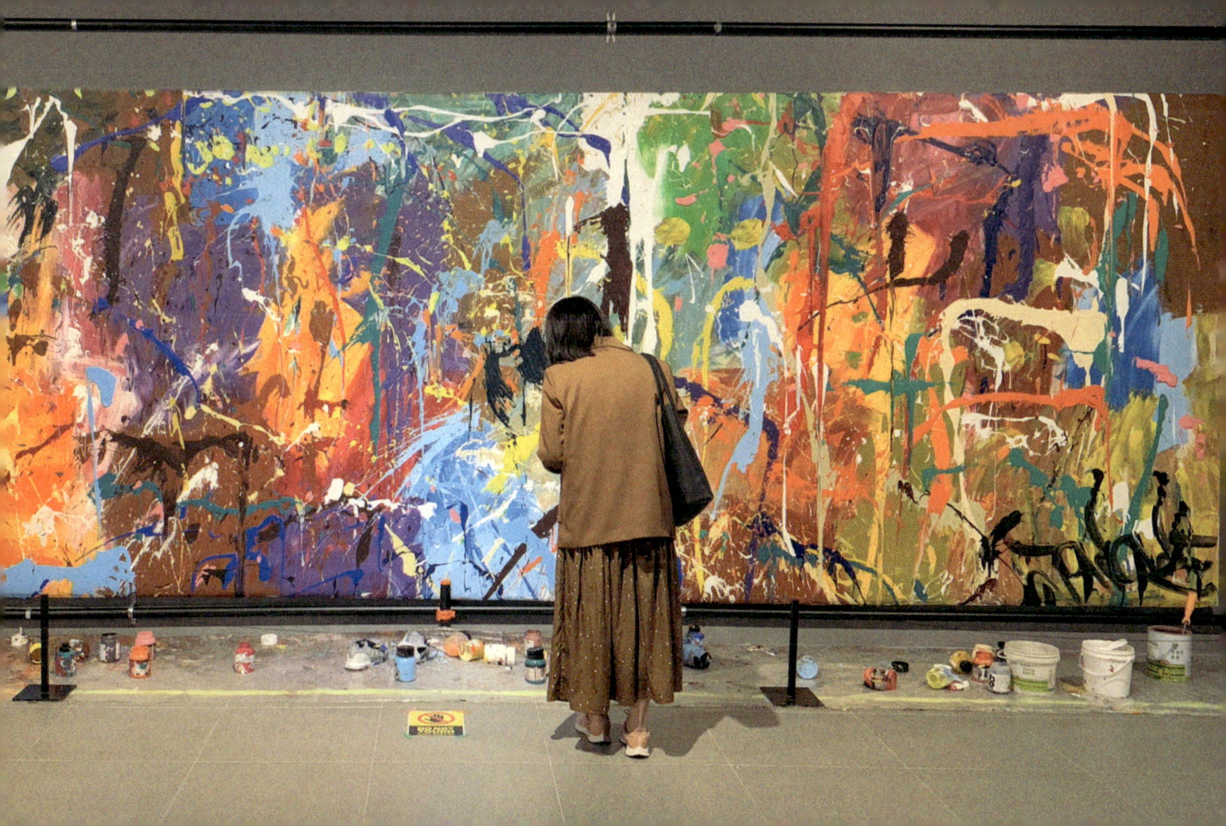

Hongkong, China, 2018

JUNK ART

Eine knallrote Verpackung, zwei gelbe Bögen als Henkel, natürlich, das ist eine Happy-Meal-Verpackung von McDonalds. Unverkennbar. Aber wieso ist da kein lächelnder Mund drauf, sondern einer, dessen Mundwinkel nach unten zeigen? Na, egal, wird schon Müll sein, dachten sich Reinigungskräfte im Marco Polo Hongkong Hotel – und warfen den Gegenstand weg. Blöd nur, dass es kein vergessener Verpackungsmüll war, sondern eine Arbeit der Schweizerin Carol May. May widmet sich in ihren Skulpturen und Installationen der Welt des Seins und Scheins. Sie transformiert Alltagsgegenstände, setzt sie in einen ungewohnten Kontext. Als den Reinigungskräften ihr Fehler bewusst wurde und sie das Kunstwerk bergen wollten, war dieses schon zu sehr beschädigt. Ein Glück, dass *Unhappy Meal* noch in 29 weiteren Ausführungen existiert.

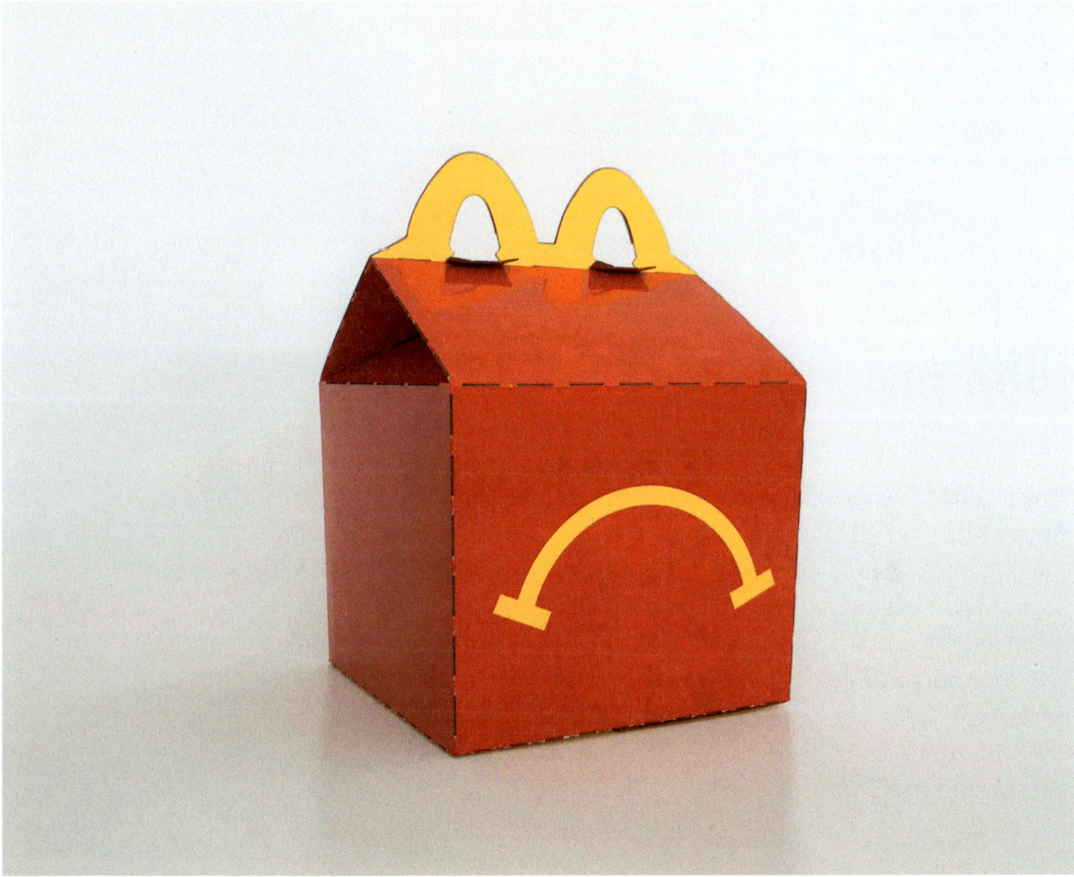

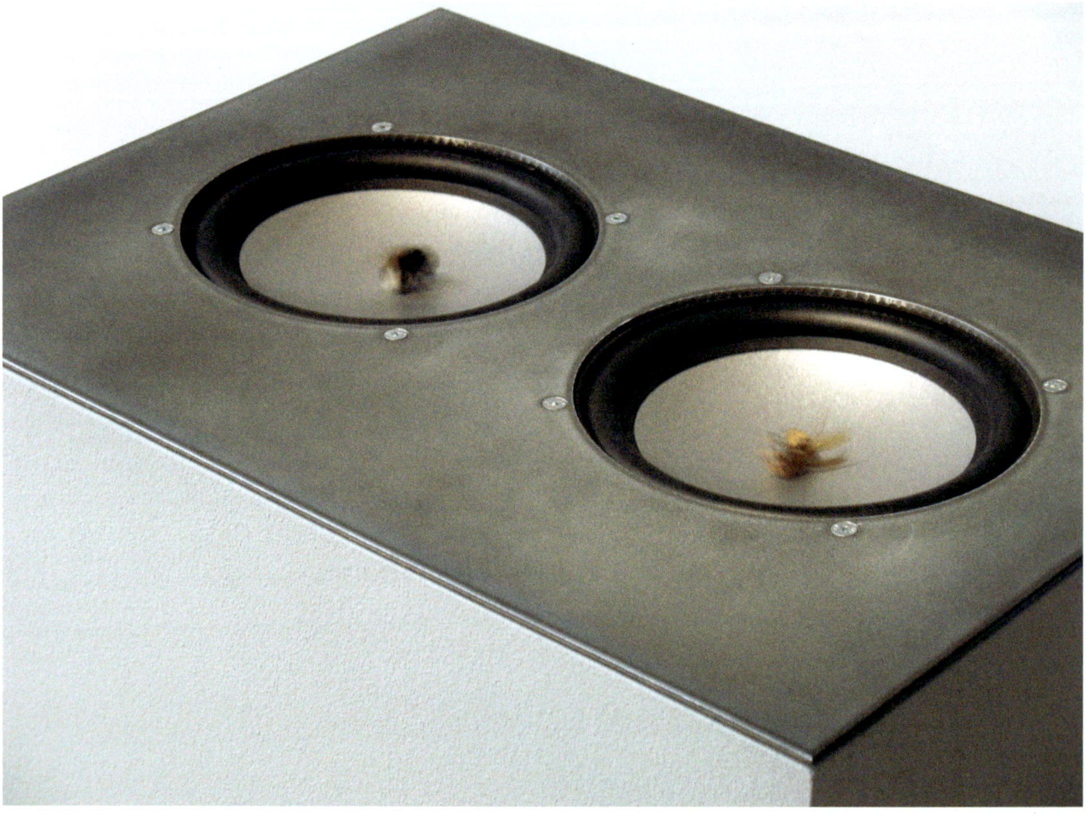

Amberg, Deutschland, 2010

TOTENTANZ

Sind sie tot? Leben sie noch? Man erkennt es nicht gleich, wenn man die Hornissen in Timo Kahlens Klangskulptur betrachtet. Die kleinen Tiere schweben, zucken, tanzen auf der Oberfläche von drei in Sockeln eingelassenen, lautlos vibrierenden Lautsprechermembranen. Das Klackern ihrer Chitinpanzer überträgt sich auf die klingende Membran und lässt sie lebendig erscheinen. So war das Kunstwerk, ausgestellt im Luftmuseum Amberg, zumindest von Kahlen gedacht. Er ist Klangbildhauer und Medienkünstler und arbeitet mit flüchtigen Materialien wie den toten Insekten, die er gefunden hatte. Die Reinigungskraft des Museums aber hielt sie für Dreck und saugte sie weg. Für Kahlen kein Problem: Wer mit außergewöhnlichen Dingen arbeite, müsse mit solchen Zwischenfällen rechnen, findet er.

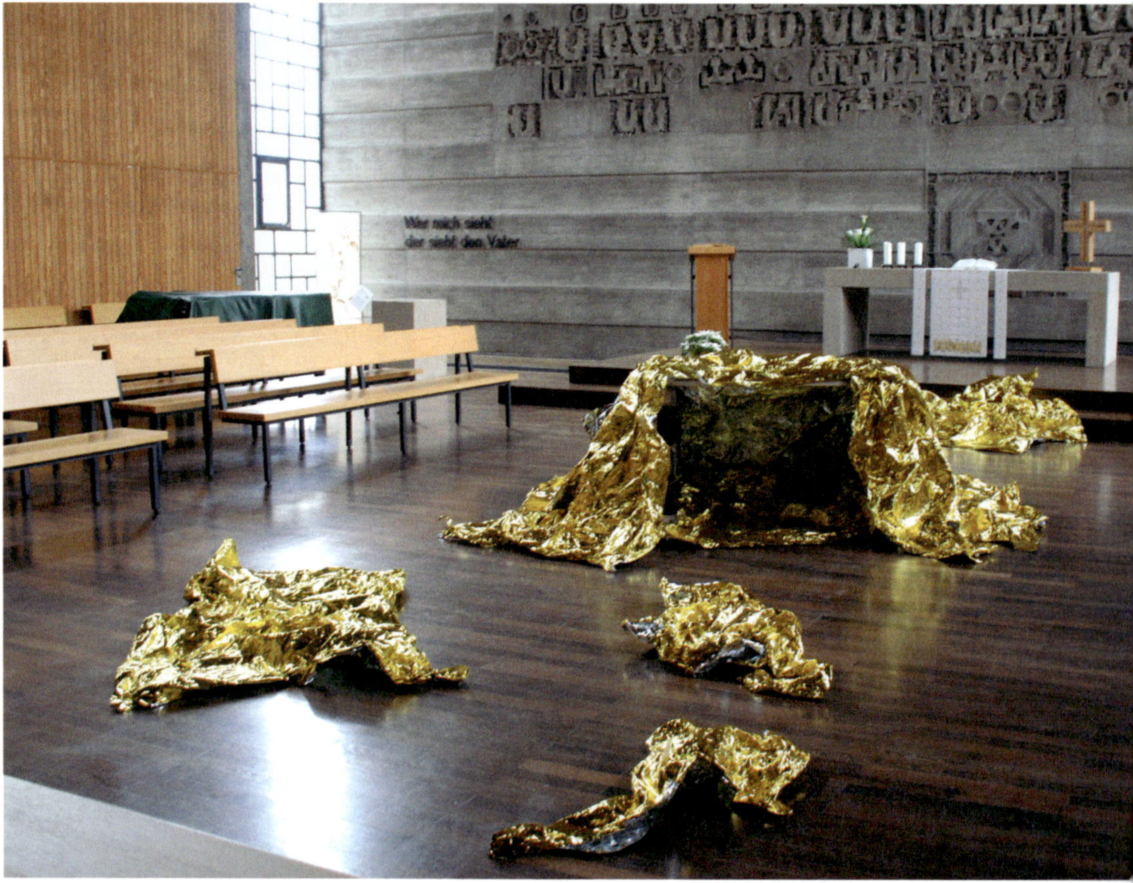

BEHAUSUNG 6/2016 | *Romana Menze-Kuhn, 2016*

Mannheim, Deutschland, 2016

GERADE NOCH GERETTET

In der evangelischen Mannheimer Philippuskirche stellte Romana Menze-Kuhn ihre Installation *Behausung 6/2016* aus: Aus Rettungsfolien und Paletten hatte sie eine Hütte gebaut, dazu einzelne Folien auf den Boden geklebt. Seit 2013 setzt sich Menze-Kuhn in ihren *Behausungen* mit Massenfluchten und Flüchtlingsschicksalen auseinander. Zu dem Kunstwerk gab es Infotafeln und einen Tisch mit Broschüren – die eine Reinigungskraft wohl übersah. Denn sie entsorgte Teile der Rettungsfolie in einer Mülltonne. Als die Pfarrerin Kyra Seufert die Künstlerin anrief, um ihr von dem Vorfall zu erzählen, reagierte die zuerst empört und schockiert, schließlich symbolisierten die fehlenden Teile für sie Menschen, die Schutz suchten. Doch als sie die Mülltonne sah, baute sie diese in ihr Kunstwerk mit ein und schuf eine neue Installation mit anderer Grundaussage. Titel: B*ehausung 6a*.

»Kann sein, dass die Putzfrau meine Kunst ein Stück weit geadelt hat. Ich hatte jedenfalls noch nie eine so große Resonanz wie dieser Tage.«

Romana Menze-Kuhn

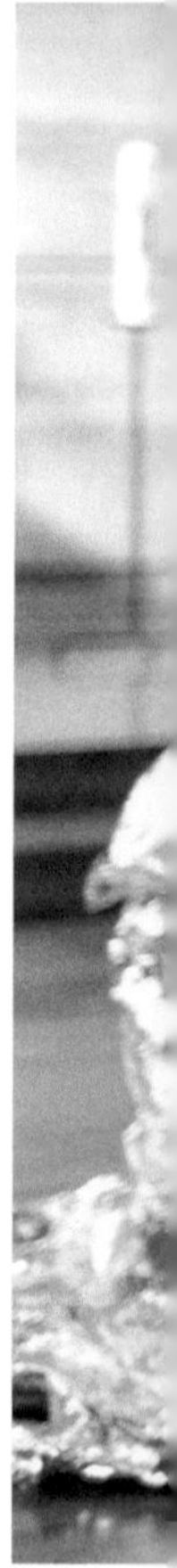

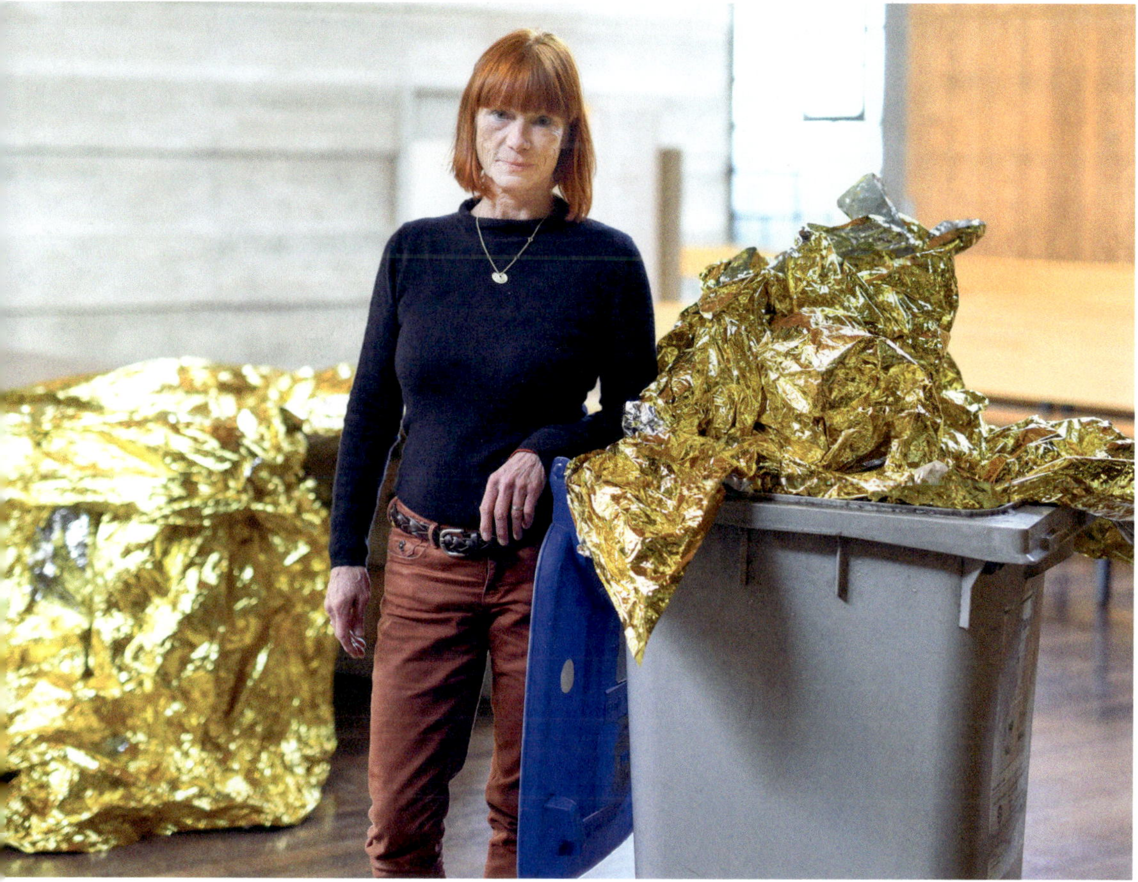

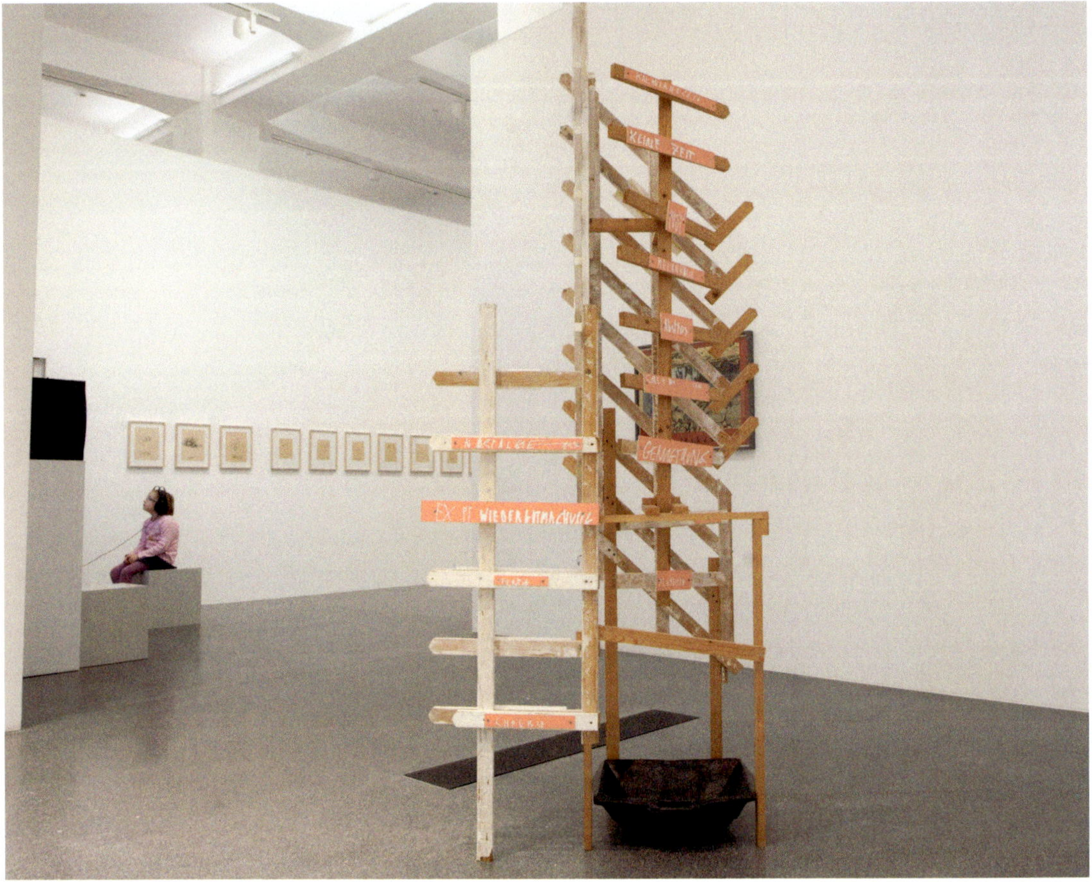
KEINE ZEIT

Dortmund, Deutschland, 2011

WISCH UND WEG

Ein menschenhoher Turm aus Holzplatten, darunter mittig ein Gummitrog mit einem weißlichen Kalkfleck. Martin Kippenbergers Installation *Wenn's anfängt durch die Decke zu tropfen* war eine Dauerleihgabe für das Museum Ostwall im Dortmunder U – doch plötzlich schien da nichts mehr zu tropfen. Eigentlich bekommen Putzkräfte in Museen genaue Instruktionen und die Anweisung, die Werke zu schonen. Aber eine Reinigungskraft entfernte entschlossen alle Kalkflecken vom Gummitrog – und beschädigte damit das Kunstwerk, das einen Versicherungswert von rund 800.000 Euro hatte.

Kassel, Deutschland, 2007

ORDNUNG MUSS SEIN

Nicht mal im Museum ist Kunst sicher, aber im öffentlichen Raum hat sie es besonders schwer. Das musste auch Lotty Rosenfeld erfahren. Für die documenta 12 klebte die aus Chile stammende Künstlerin weiße Kreuze auf die Straßen, in Anlehnung an ihre eigene Aktion von 1979. Damals hatte sie (auf gleiche Weise) in Santiago de Chile gegen die Gewalt des Pinochet-Regimes protestiert. Die Kreuze in Kassel sollten daran erinnern. Sah die Straßenreinigung anders – und entfernte die Kreuze schon vor der Ausstellungseröffnung. Wenn in den Straßenverkehr eingegriffen wird, versteht man in Deutschland eben keinen Spaß – äh, keine Kunst.

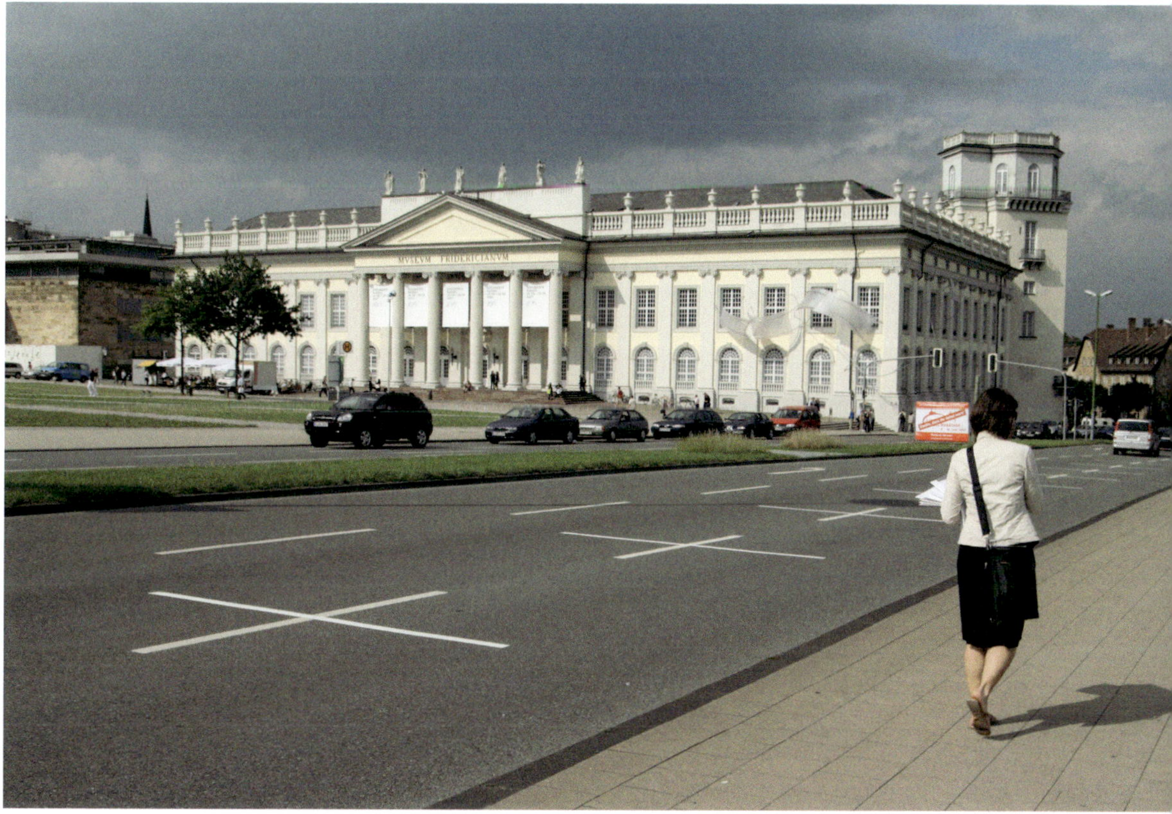
MVSEVM FRIDERICIANVM

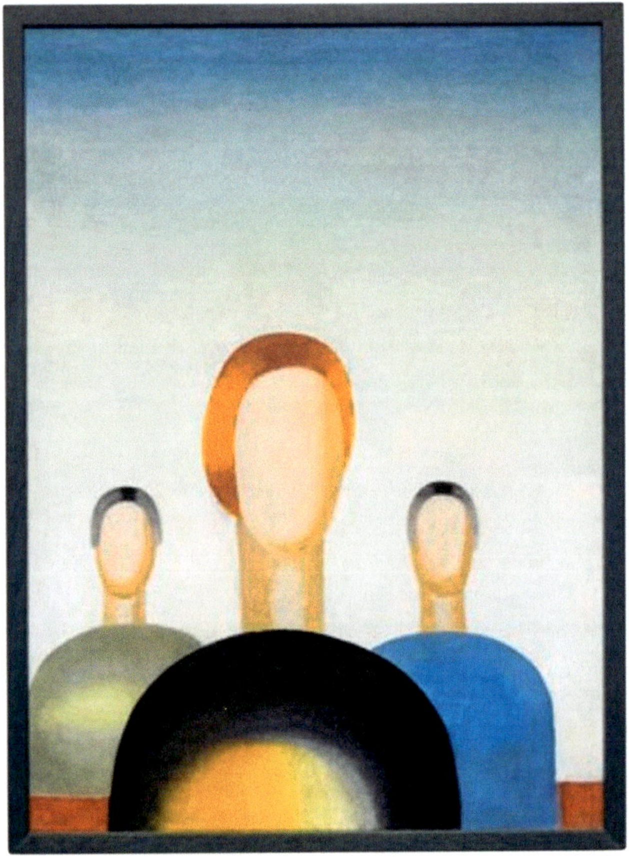

Jekaterinburg, Russland, 2022

AUGEN AUF BEI DER BERUFSWAHL

Eigentlich hätte der Wachmann im Jelzin-Zentrum in Jekaterinburg darauf achten sollen, dass den Räumen und Kunstwerken dort kein Schaden zugefügt wird. Unter den Werken der Ausstellung zu abstrakter Kunst war auch das Avantgarde-Gemälde *Drei Figuren* der sowjetischen Künstlerin Anna Leporskaya, eine Leihgabe der Tretjakow-Galerie in Moskau. Aber der Security Guard legte seine Berufsbeschreibung etwas anders aus. Es war seine erste Schicht – und die war offenbar so langweilig, dass er zwei der drei gesichtslosen Figuren wachsame Augen verpasste. Mit einem Kugelschreiber. Dass sein Handeln vielleicht doch nicht die beste Idee war, wurde dem Wärter danach klar. Er gab an, sich nicht wohlzufühlen, und verschwand nach Hause. Der Schaden wurde jedoch bemerkt und gemeldet, Kameras hatten die künstlerische Aktion außerdem festgehalten.

»Er machte einen dummen Fehler.«

Alexander Drozdov,
Direktor des Jelzin-Zentrums

▶ In einem Interview mit der *New York Times* identifizierte Alexander Drozdov, der Direktor des Zentrums, den Wachmann als Aleksandr Vasiliev und sagte, dieser sei suspendiert worden. Eine Polizeiermittlung wegen Vandalismus laufe. Vasiliev wiederum war sich den Auswirkungen seiner Tat nicht bewusst. Er habe das Gemälde für eine Kinderzeichnung gehalten, und ein paar Teenager hätten ihn angestiftet, es zu ergänzen, verteidigte er sich. Der Wert des Kunstwerks wurde auf rund 900.000 Euro geschätzt. Die *Drei Figuren* konnten in ihren ursprünglichen Zustand zurückversetzt werden und wurden wieder in ihr Heimatmuseum geschickt. Das Jelzin-Zentrum installierte Schutzglas vor den restlichen Ausstellungsstücken. Und der Direktor sagte, er würde den Einstellungsprozess der Security in Zukunft verbessern.

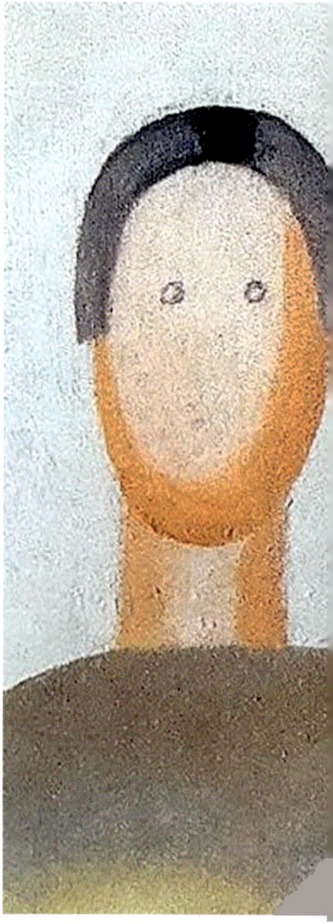

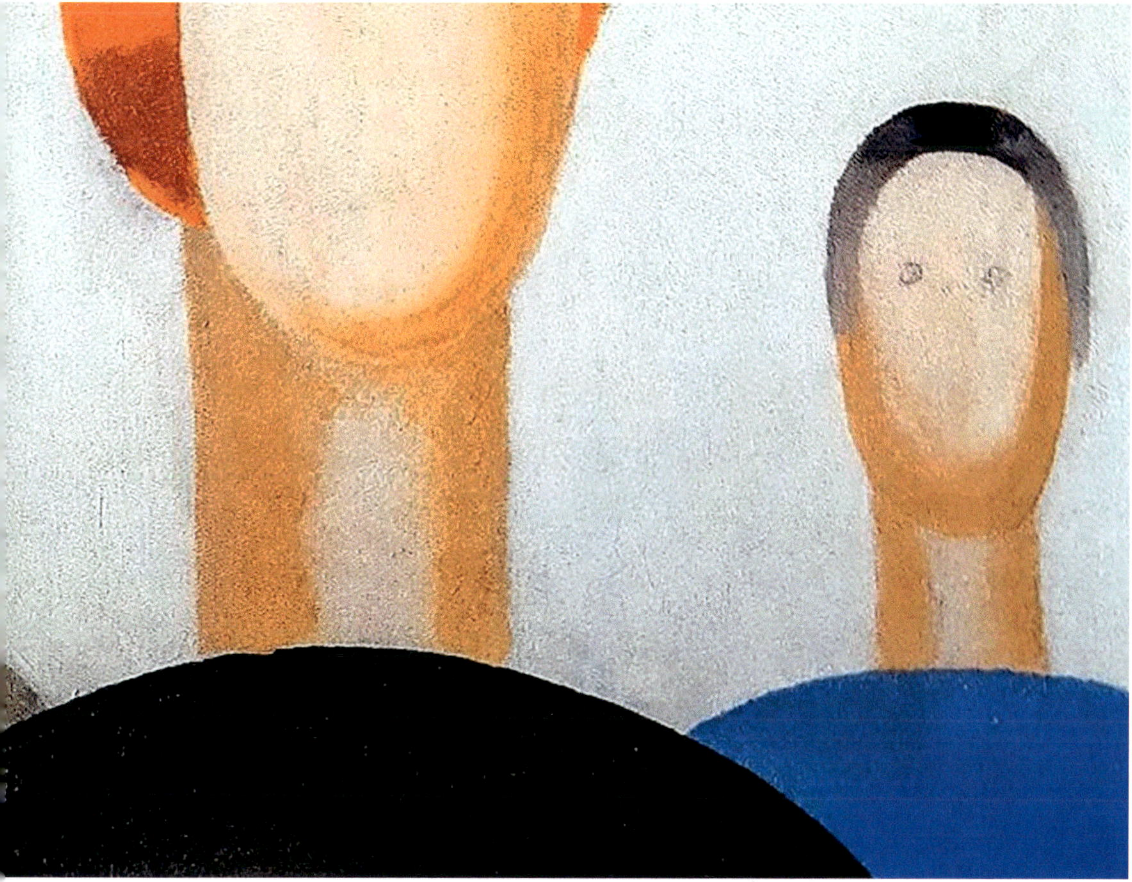

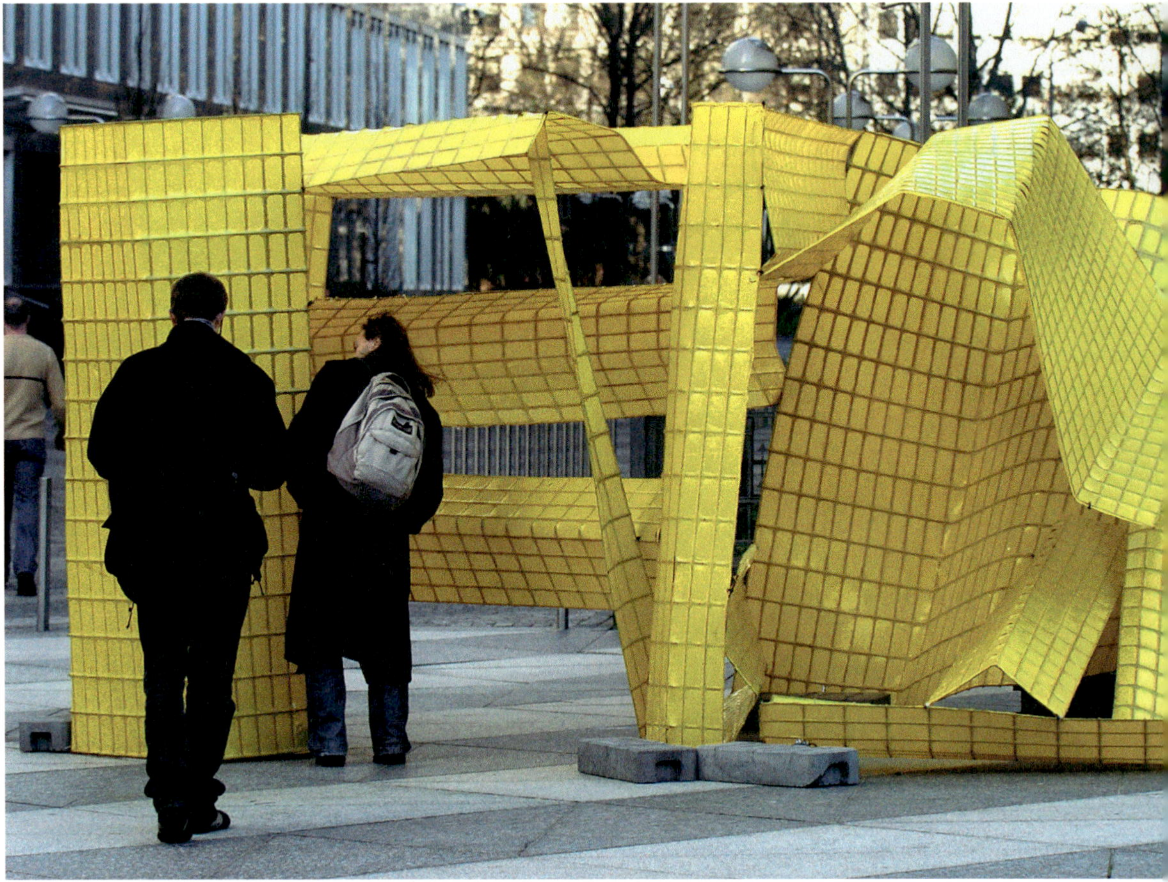

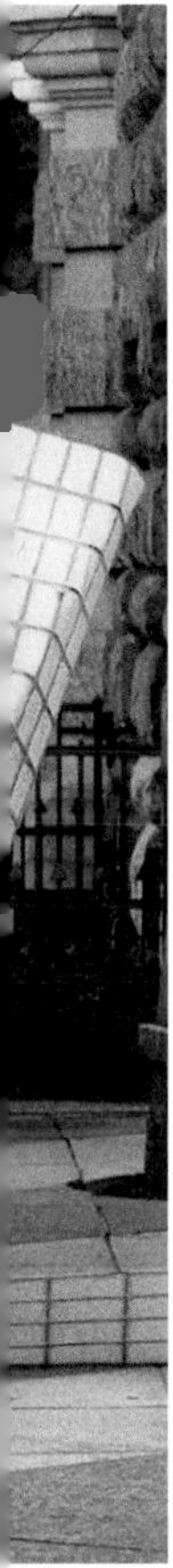

NICHT INNEN SONDERN AUSSEN – NICHT DRINNEN SONDERN DRAUSSEN

Michael Beutler, 2004–2005

Frankfurt am Main, Deutschland, 2005

EINE ABFUHR FÜR DIE KUNST

Frankfurt sollte sauberer werden, dafür gab es sogar eine eigene Stabsstelle: »Sauberes Frankfurt«. Als deren Leiter, Peter Postleb, an einem regnerischen Tag durch die Stadt fuhr und große, gelbe Plastikteile im öffentlichen Raum rumstehen sah, hielt er sie für unsachgemäß entsorgten Sperrmüll. Er sagte seinem Team Bescheid – und ließ den vermeintlichen Müll verbrennen. Was er und seine Mitarbeiter nicht erkannten, worauf kein Schild hinwies: Es handelte sich um eine moderne Skulptur von Michael Beutler, einem Installationskünstler und Absolventen der Städelschule. Unter dem Titel *nicht innen sondern außen – nicht drinnen sondern draußen* hatte er zehn Skulpturen aus gelbem Betonschalmaterial in der ganzen Stadt verteilt. Erst als Postleb Tage später in der Zeitung von der Ausstellung las, bemerkte er seinen Fehler. Da war die Kunst längst eingeäschert.

SANCTUARIUM | *Herman de Vries, 1993*

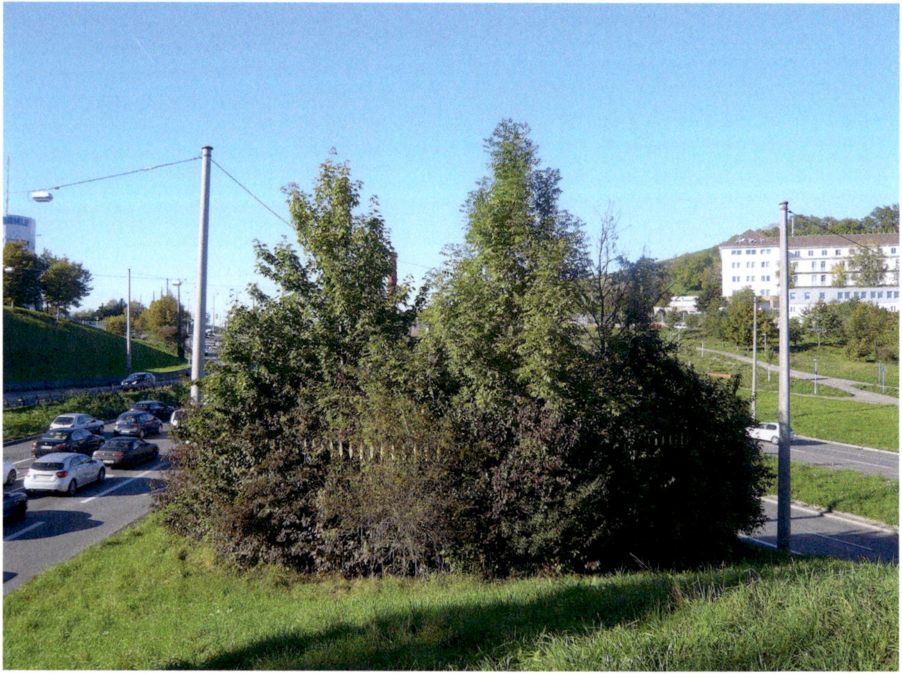

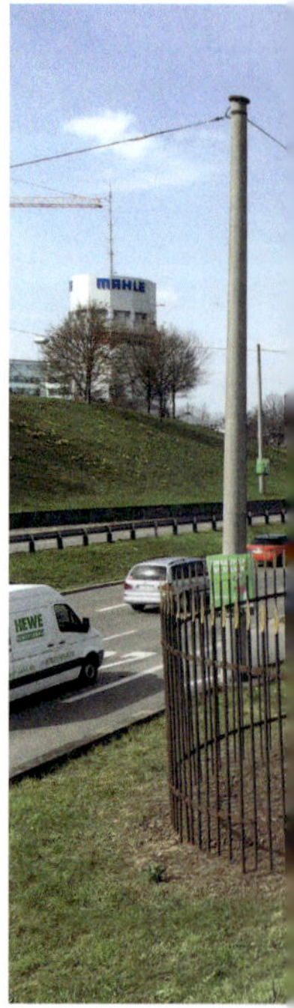

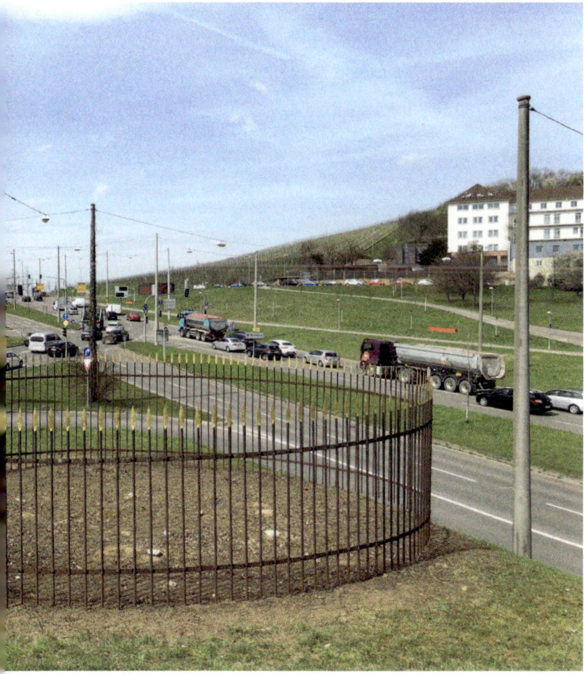

Stuttgart, Deutschland, 2018

TABULA RASEN

Ein Vierteljahrhundert lang wuchs und gedieh Herman de Vries' Land-Art-Kunstwerk *Sanctuarium* in Stuttgart. Dann ergriff das Gartenbauamt eine »Pflegemaßnahme« und entfernte alles bis auf die nackte Erde.

Beeskow, Deutschland, 2023

DER GROSSE UMBAU

Über Spieleabende kann man unterschiedlicher Meinung sein: Die einen hassen sie, für die anderen gibt es nichts Besseres als sich mit einer Gruppe Erwachsener zu verabreden und stundenlang Monopoly zu spielen oder Jenga-Türme zu bauen. Eine Sache ist aber eigentlich klar: Spieleabende finden zuhause statt. Bei einer Ausstellung in der Burg Beeskow waren die Besucher da jedoch anderer Ansicht: Sie nahmen mehrere Skulpturen aus rosafarbenen, gelben und grünen Styrodursteinen ganz absichtlich auseinander und schufen damit an einer anderen Stelle des Raums ein neues Bauwerk (rechts). Ganz heimlich und unbemerkt, denn es gab keine Aufsicht oder Überwachungskamera. Die ursprünglichen Skulpturen sind Teil einer Mixed-Media-Installation von Sven Gatter, der damit die schwindenden Architekturen im ländlichen Raum in Ostdeutschland thematisiert, also auch die Vernichtung von Wohnraum, Höfen oder Betrieben. Der Künstler nahm es mit Humor und gab die »Bauklötze« daraufhin für kommende Besucher frei.

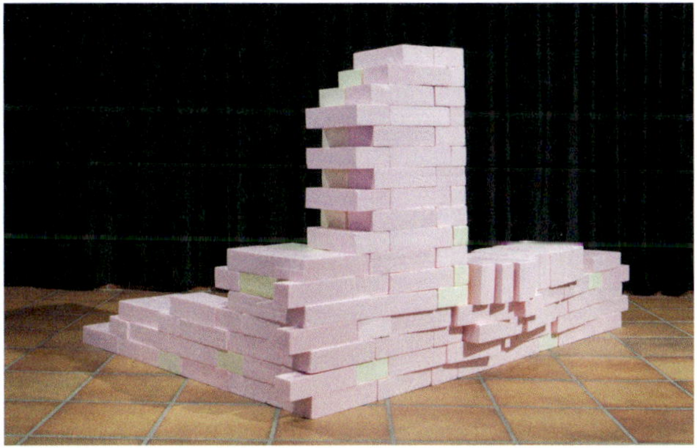

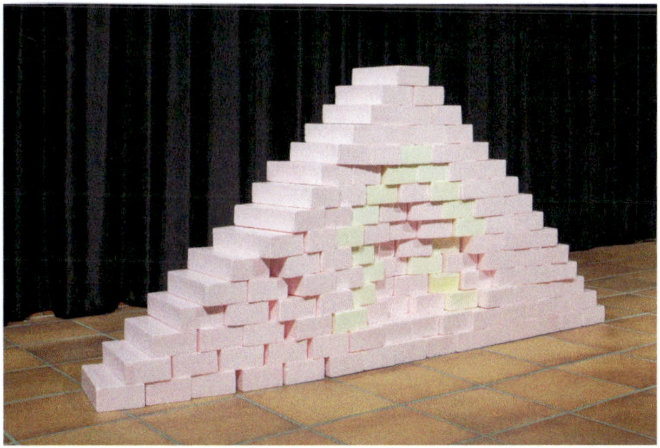

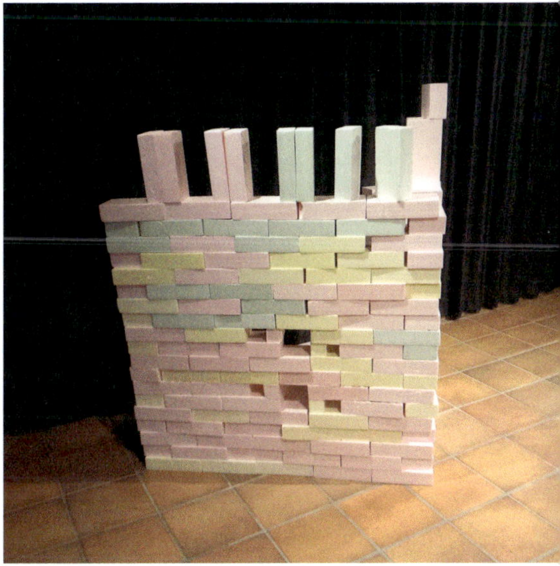

Bozen, Italien, 2015

WO SOLLEN WIR HEUTE ABEND AUFRÄUMEN?

Da ist Glitter auf dem Boden. Leere Champagnerflaschen. Eine zerrissene Girlande. Ein Szenario wie nach einer wilden Feier, bei der sich niemand die Mühe gemacht hat, aufzuräumen. Es handelt sich um die Installation *Where shall we go dancing tonight?* von den italienischen Künstlerinnen Sara Goldschmied und Eleonora Chiari, ausgestellt im Museum für moderne und zeitgenössische Kunst in Bozen. Sie sollte den Konsum, die Finanzspekulation, die Massenmedien und die Partys der 1980er Jahre heraufbeschwören. Das gelang ihr vielleicht ein bisschen zu gut: Reinigungskräfte dachten vermutlich, hier sei auf einer Opening Party zu ausgiebig gefeiert worden – jedenfalls packten sie alles in Müllsäcke und reinigten den Schauplatz.

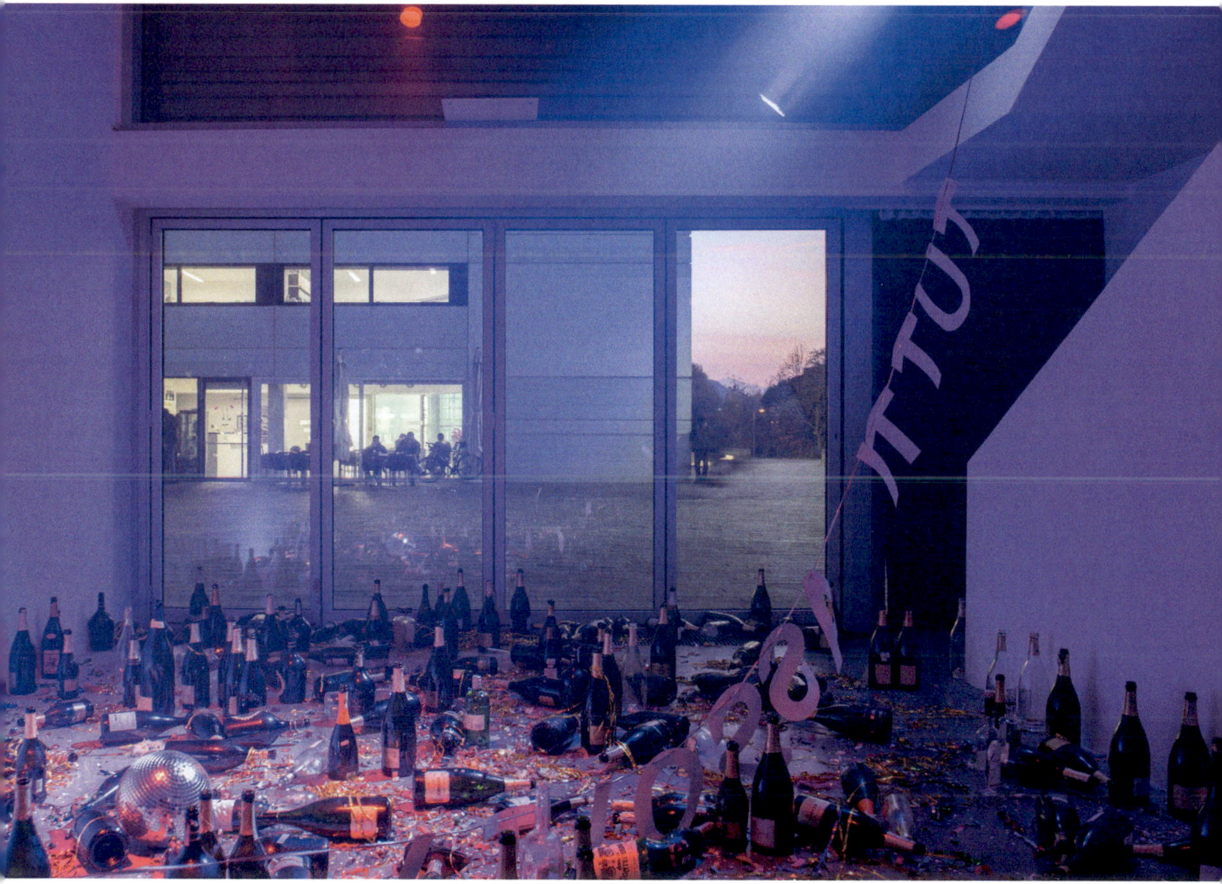

DUMM
GELAUFEN

Hier lief einiges schief – nicht selten die Unfallverursacher selbst. Sie stolperten, steckten fest oder fackelten aus Versehen ihr ganzes Atelier ab.

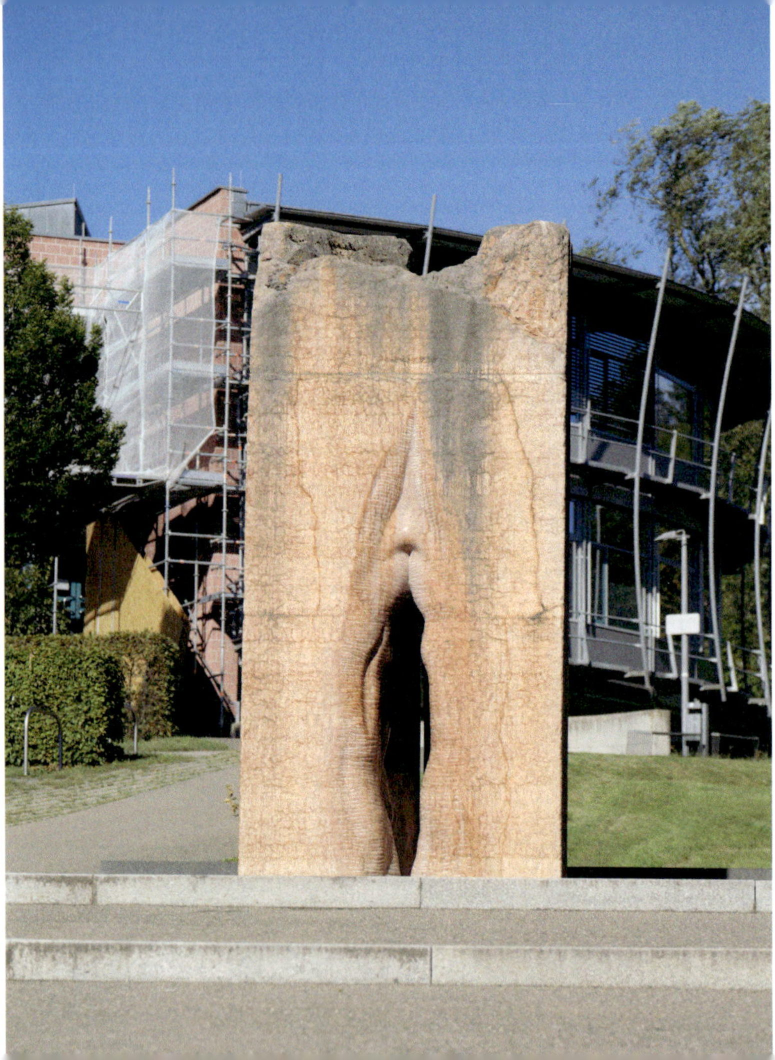

PI-CHACAN | *Fernando de la Jara, 2001*

Tübingen, Deutschland, 2014

SCHWERE GEBURT

Verklemmt sind sie, prüde, die Amerikaner, lautet ein gängiges Vorurteil. Doch in diesem Fall in Tübingen war da tatsächlich etwas dran. Dreizehn Jahre lang stand dort ein steinernes weibliches Geschlechtsteil auf dem Universitätsgelände vor dem Institut für Mikrobiologie und Virologie. *Pi-Chacan*, was in der Sprache der peruanischen Indios so viel wie »Liebe machen« bedeutet, besteht aus 32 Tonnen Veroneser Marmor; für den Künstler symbolisiert die Skulptur das Tor zur Welt. Die Tübinger Studierenden schenkten ihr oft keinen zweiten Blick.

Nicht so ein Austauschstudent aus den Vereinigten Staaten. An einem lauen Freitagnachmittag wollte er die steinerne Vulva mal etwas genauer inspizieren. Für Medizin, genauer: Gynäkologie, war er wohl nicht eingeschrieben. Er zwängte sich mit bester Höhlenforscher-Mentalität in den Hohlraum, rutschte ab und blieb mit den Beinen stecken. Mehrere Beistehende eilten zu Hilfe. Aber ohne Erfolg. Der Student hing fest.

Wie viele Feuerwehrmänner braucht man, um einen Studenten aus einer Vulva zu befreien? Zweiundzwanzig.

▶ Wer musste also her? Die Feuerwehr. Mit 22 Mann. Der Notruf: »Eine Person ist in einer Stein-Vulva eingeklemmt.« Sie schafften es schließlich, den Studenten zu befreien. Solch eine Aktion konnte selbst Boris Palmer, Tübingens grüner Oberbürgermeister, nicht unkommentiert lassen. Er erklärte, er könne sich »auch unter Berücksichtigung maximaler Adoleszenzphantasien« nicht vorstellen, wie es zu diesem Vorfall kommen konnte. »Für eine solche Glanzleistung 22 Feuerwehrleute einsetzen zu müssen, verursacht geradezu seelische Qualen.« Der Befreite wollte anonym bleiben und äußerte sich nicht zu seiner Motivation. Vielleicht hatte er ein Selfie machen wollen. Immerhin: Die 120.000 Euro teure Skulptur nahm keinen Schaden. Und auch der Student blieb unverletzt.

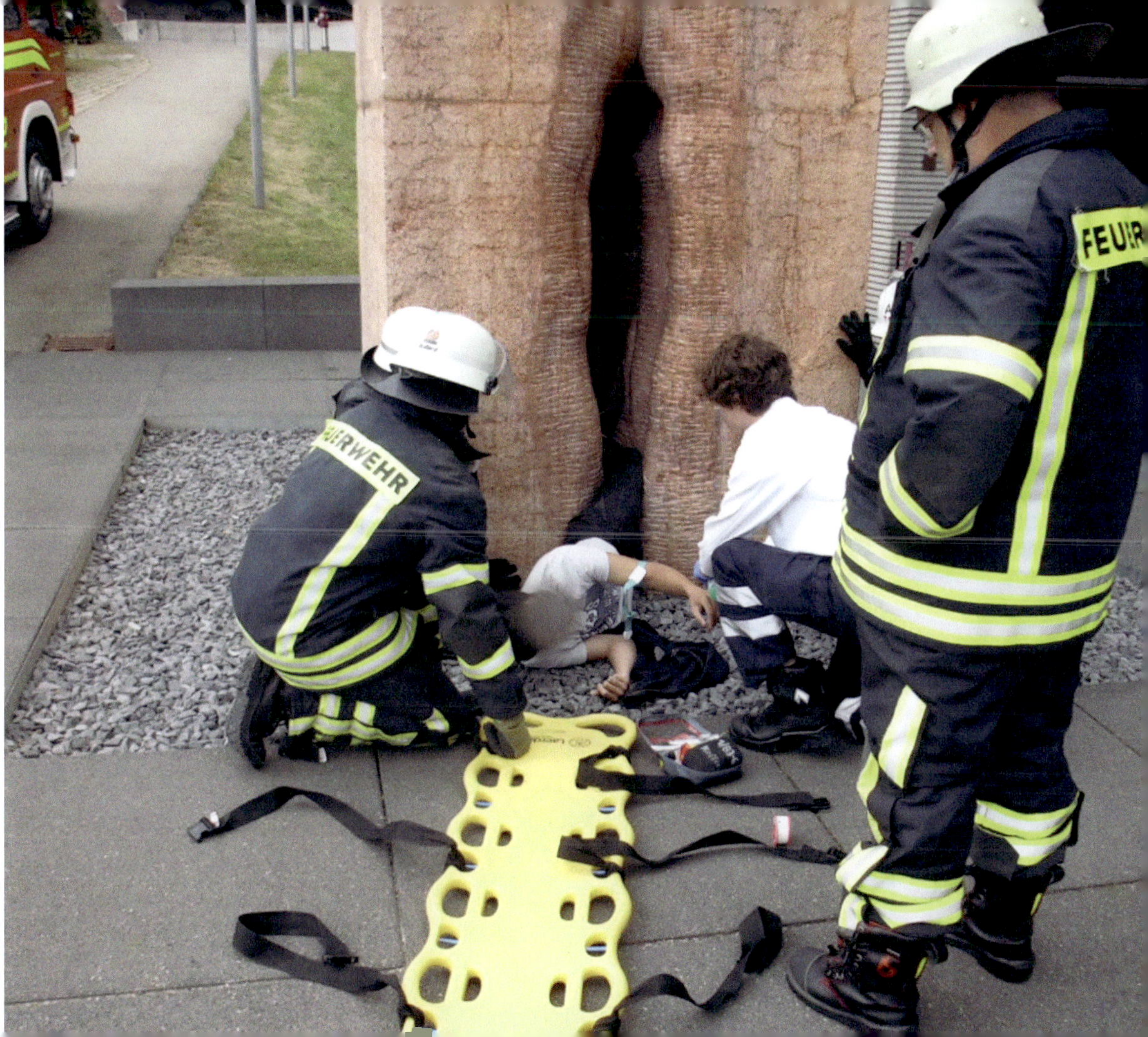
EUERWEHR
FEUER

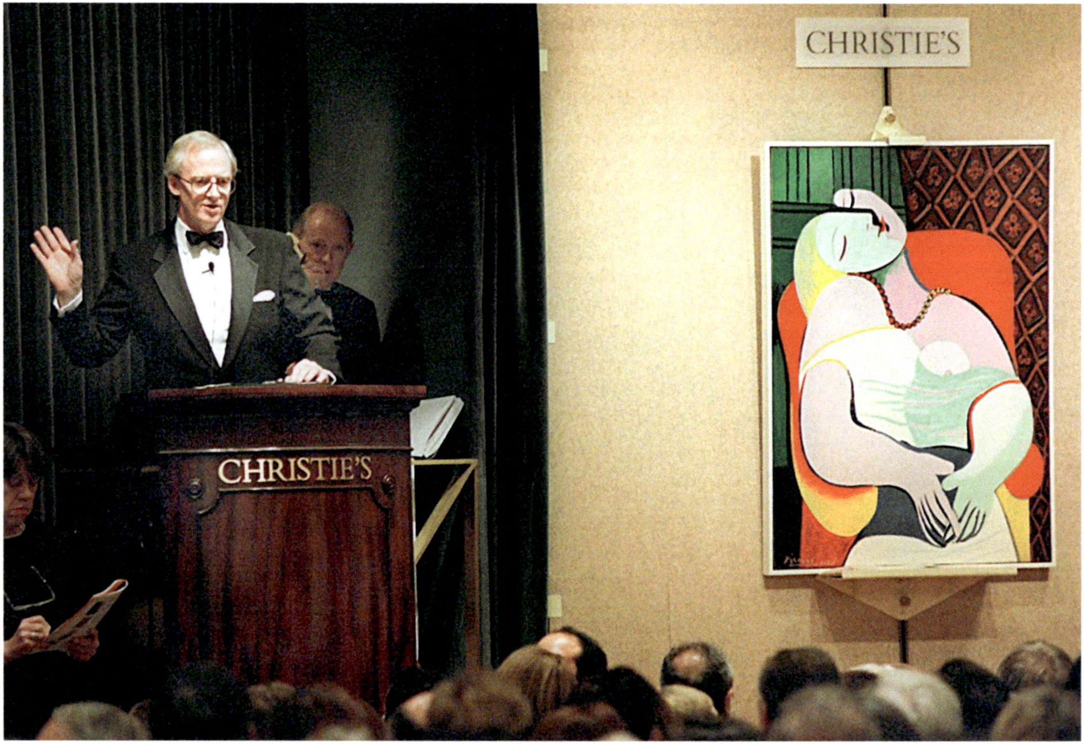
CHRISTIE'S
CHRISTIE'S

Las Vegas, Nevada, USA, 2006

AUS DER TRAUM

Picassos Ölgemälde *Der Traum* zeigt seine 22-jährige Geliebte Marie-Thérèse Walter. Der damals 50-Jährige soll es an nur einem Nachmittag gemalt haben. Im Jahr 2001 kaufte es der Casino-Magnat und Unternehmer Steve Wynn für geschätzte 60 Millionen US-Dollar. Es wurde das Herzstück seiner Kunstsammlung. Fünf Jahre später beschloss er jedoch, sich von seinem Schatz zu trennen. Er teilte Presseleuten mit, es solle für 139 Millionen US-Dollar an den Unternehmer und Kunstsammler Steven A. Cohen verkauft werden. Damit wäre *Der Traum* zu jener Zeit das teuerste Kunstwerk gewesen. Aber während Wynn das Gemälde wild gestikulierend seinem Freundeskreis präsentierte, stieß er versehentlich mit dem Ellbogen durch die Leinwand – und hinterließ einen 15 Zentimeter langen Riss. Cohen zog sein Angebot zurück. Wynn beteuerte später, das Ereignis sei ein Zeichen gewesen, das Gemälde zu behalten. Er ließ es teuer reparieren. Aber 2013 kaufte Cohen das Gemälde letztlich doch – für 155 Millionen US-Dollar. Jeder Traum hat eben seinen Preis.

Taipeh, Taiwan, 2015

STOLPERFALLE

Der italienische Künstler Paolo Porpora malte üppige Bouquets, so fotorealistisch, dass man meinen könnte, die Ölgemälde duften. Eines seiner Werke war in einem Museum in Taipeh ausgestellt. Gesichert war das Bild mit einer Absperrung, einem kleinen Podest mit Schnüren. Aber genau die wurde ihm zum Verhängnis. Eine Sicherheitskamera fing das Unglück ein: Ein Zwölfjähriger schlenderte mit einem Becher in der Hand durch die Ausstellung, stolperte über die Absperrung und stützte sich mit beiden Händen ausgerechnet auf dem Bild ab. Dabei riss er ein faustgroßes Loch in die Leinwand. In nur 27 Sekunden war das Gemälde im Wert von rund 1,3 Millionen Euro zerstört.

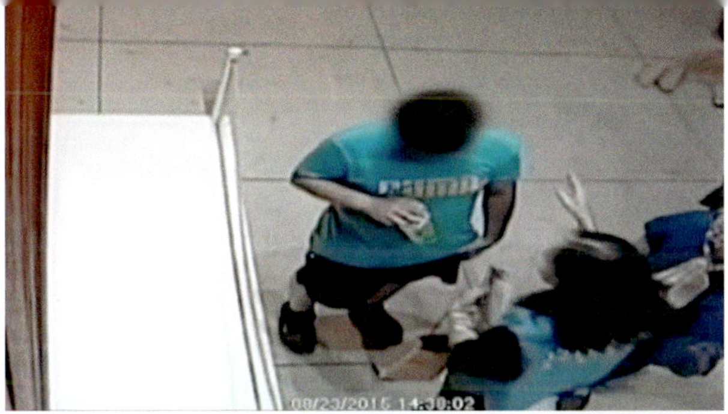
08/23/2015 14:38:02

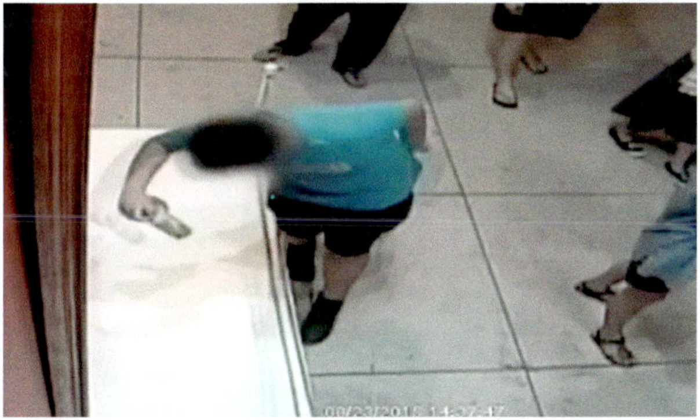

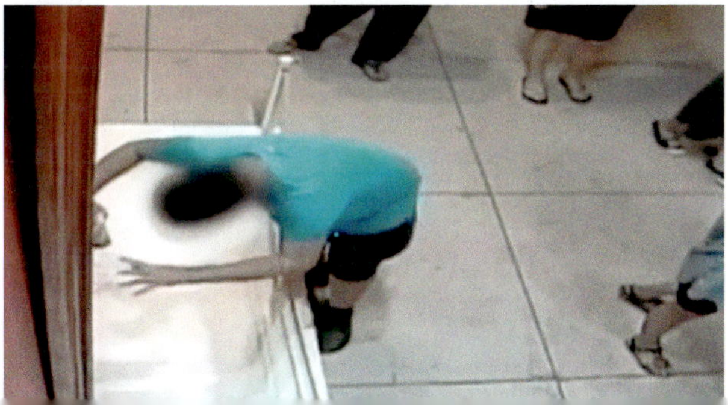

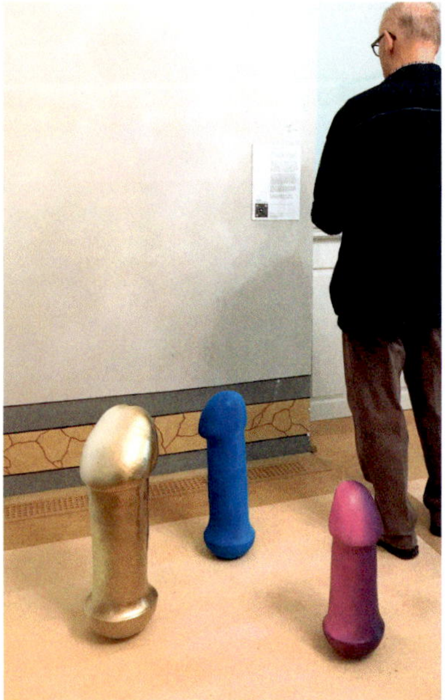

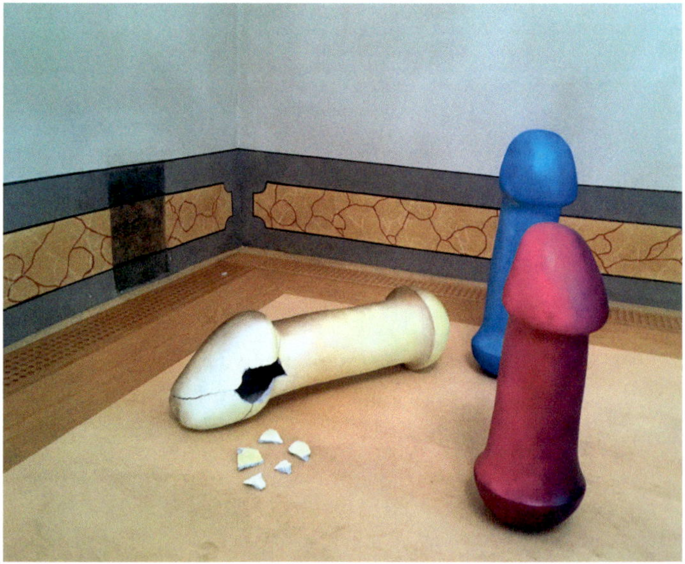

Erlangen, Deutschland, 2018

FRAGILE MÄNNLICHKEIT

Eine Stunde und zehn Minuten hielt er durch. Dann zerbrach der goldene Penis. Er war Teil von Anna Maria Bienieks Installation *I am not a Toy* im Kunstpalais Erlangen. Drei Penisse aus Keramik, in Gold, Pink und Blau. Das kräftige Pink sollte majestätischen Symbolwert ausstrahlen, das helle Blau für Unschuld und Reinheit stehen, und das schimmernde Gold für Heiligkeit. Die Vernissage begann um 17 Uhr, schon um 18:10 Uhr stolperte ein Besucher über den Phallus. Der kippte um und zerbrach.

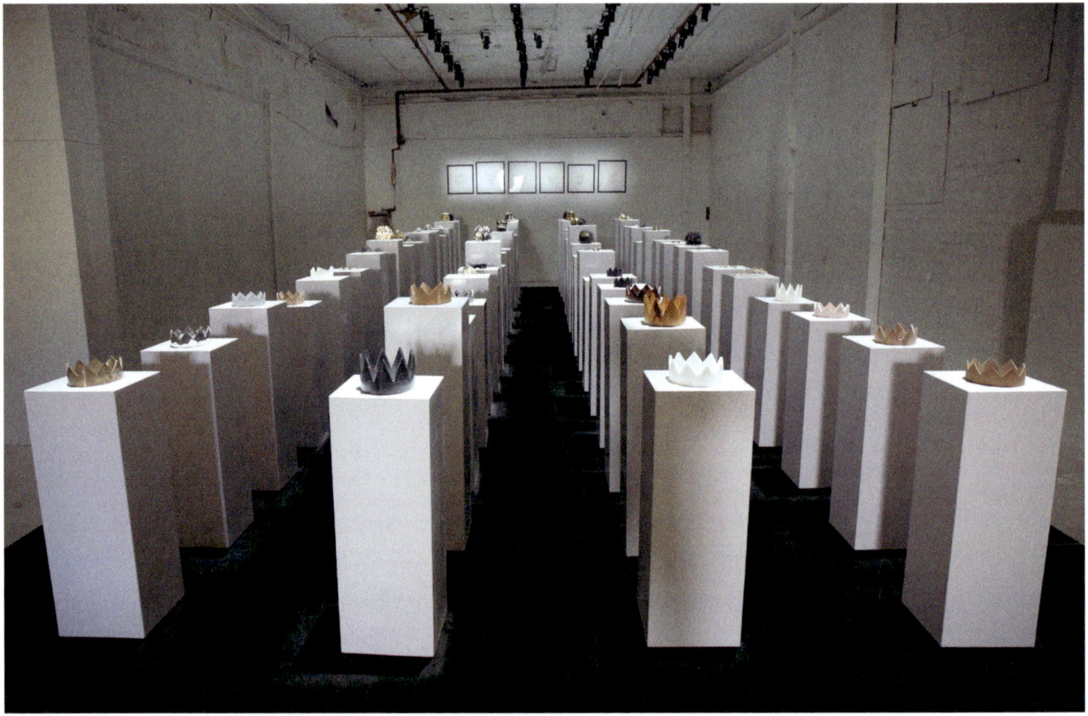

Los Angeles, Kalifornien, USA, 2017

SELFIEQUEEN

Anfang Juli 2017 läuft eine junge Chinesin durch die Galerie The 14th Factory in Los Angeles. Sie trägt ein weißes Sommerkleid, ihre Haare sind schwarz und lang. Vor einer Installation geht sie in die Hocke, zückt ihr Handy für ein Selfie – und stürzt in eine der 60 Säulen. Eine nach der anderen fallen 16 Säulen um, die kronenartigen Objekte darauf gehen zu Boden. Die Installation heißt *Hypercaine* – nach einem EDM-Track von DJ Fresh – und stammt von dem britischen Künstler Simon Birch. Ein Freund von ihm lud ein Video der misslungenen Selfie-Aktion auf YouTube hoch. Der als »Selfie Domino« betitelte Clip ist nur 36 Sekunden lang. Aber innerhalb von wenigen Tagen schauten ihn tausende Menschen an, mittlerweile hat er 7,3 Millionen Views. In den Kommentaren zum Video munkeln manche User, der Sturz sei inszeniert oder Performance-Kunst. Der Schaden beläuft sich auf 200.000 US-Dollar. »No big deal in the end«, so das Statement des Künstlers, immerhin wurde niemand verletzt.

PIAZZA D'ITALIA | *Giorgio de Chirico, 1913*

Niederlande, Anfang 2000er Jahre

CAME IN LIKE A WRECKING BALL

Der italienische Maler Giorgio de Chirico gilt als Hauptvertreter der sogenannten Pittura metafisica, einem Vorläufer des Surrealismus. Und surreal klingt auch die Geschichte, wie sein Gemälde *Piazza d'Italia* zerstört wurde: Es wurde Opfer einer Abrissbirne. Das Werk hing in einem Privathaus in den Niederlanden an der Wand; nebenan fanden Bauarbeiten statt. Ein altes Bankgebäude wurde abgerissen – zumindest war das der Plan. Der Baggerfahrer verschätzte sich allerdings in der Entfernung. Die Abrissbirne knallte durch die Wohnzimmerwand des Sammlers, Ziegelsteine durchschlugen das Gemälde. Ein Totalschaden in Höhe von 600.000 Euro.

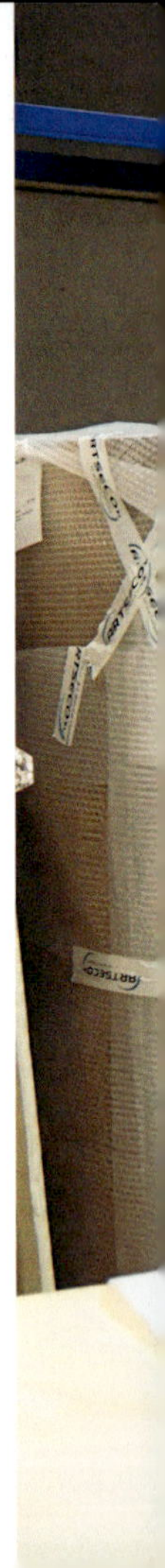

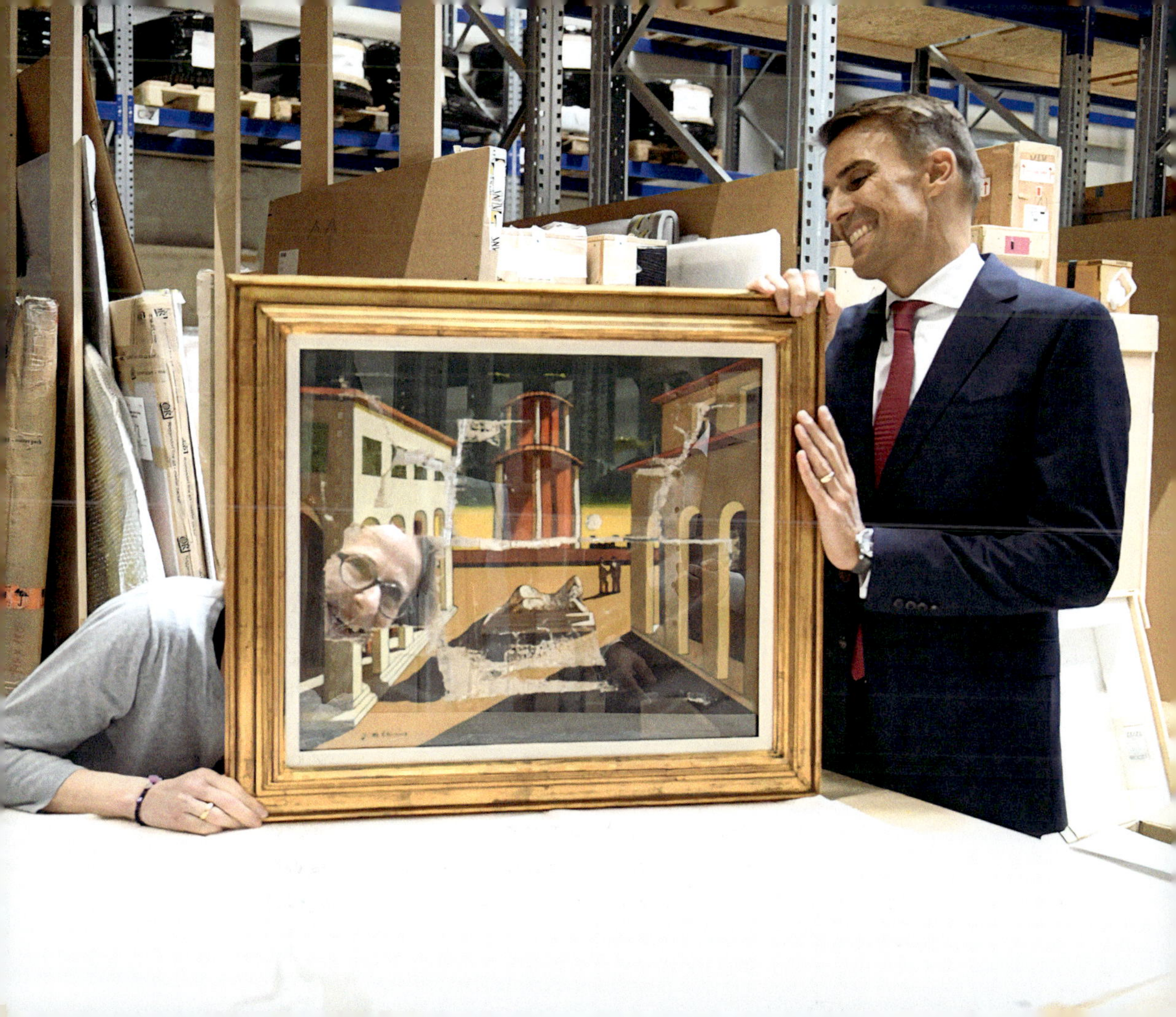

▸ Wo kommt kaputte Kunst eigentlich hin?
Nach Köln-Kalk. Das war zumindest bei de Chiricos *Piazza d'Italia* der Fall. Denn das Gemälde war bei der AXA XL (vormals AXA Art) versichert. Die zählt zu den weltweit größten Kunstversicherungen und hat in Köln ein Lager der besonderen Art. Wohlhabende Privatsammler, aber auch Museen, Galerien und Ausstellungsveranstalter versichern ihre Werke gegen Schäden. Jährlich bearbeitet die Versicherung zwischen 1.000 und 1.500 Kunstschäden. Etwa 30 Werke davon sind Totalschäden. Dann erstattet die Versicherung den Preis. Rund 40 Prozent der Beschädigungen entstehen beim Transport von Kunstwerken; so war es auch bei *Sieben schwarze Formen* von Jiří Georg Dokoupil. Ein Gabelstaplerfahrer rammte versehentlich die Kiste mit dem genannten Bild und beschädigte die untere rechte Ecke. Na, vielleicht hätte der deutsch-tschechische Maler Verständnis dafür gehabt – immerhin gehörte er zur Gruppe der Neuen Wilden.
Manche der Kunstwerke warten im Kölner Lager auf ihre Restaurierung, andere dienen als Anschauungsmaterial. Gutachter, Galeristinnen, manchmal – sollten sie noch leben – auch die Künstler selbst, beraten, wie und ob ein Werk gerettet werden kann. In einigen Fällen würden die Kosten einer Restaurierung den Versicherungswert übersteigen, aber gerade bei teuren Werken lohnt sich eine Reparatur oft. Und wenn nicht: Zum Wegwerfen wären sie dann doch zu schade.

SIEBEN SCHWARZE FORMEN | *Jiří Georg Dokoupil, 1987*

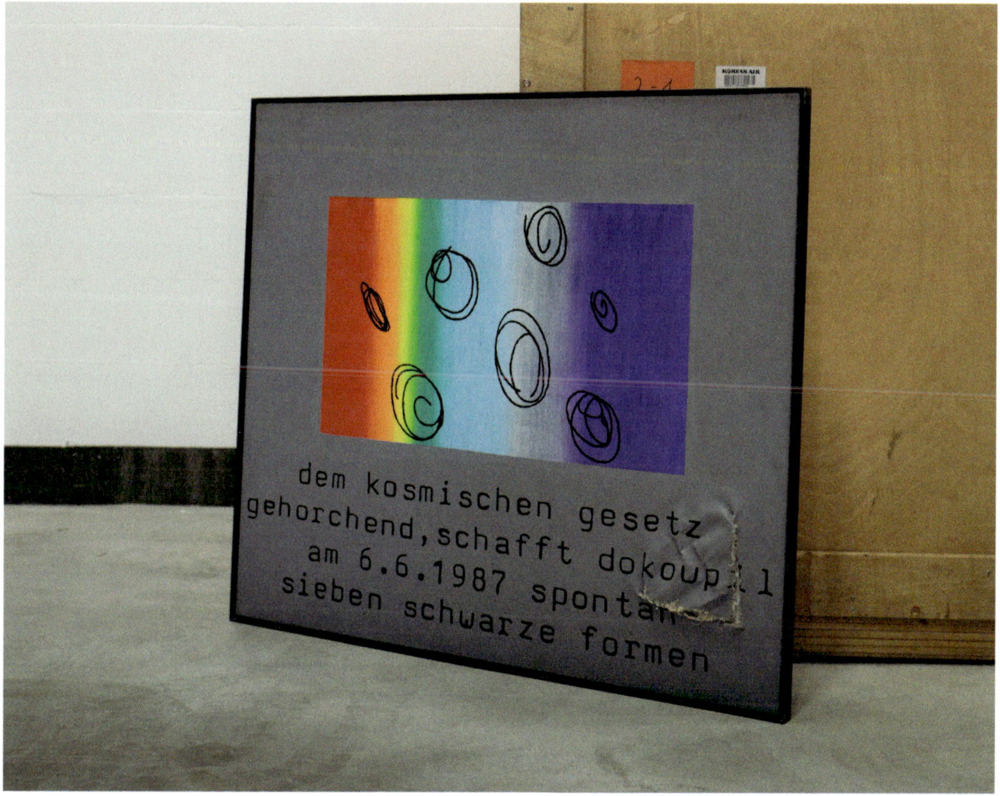

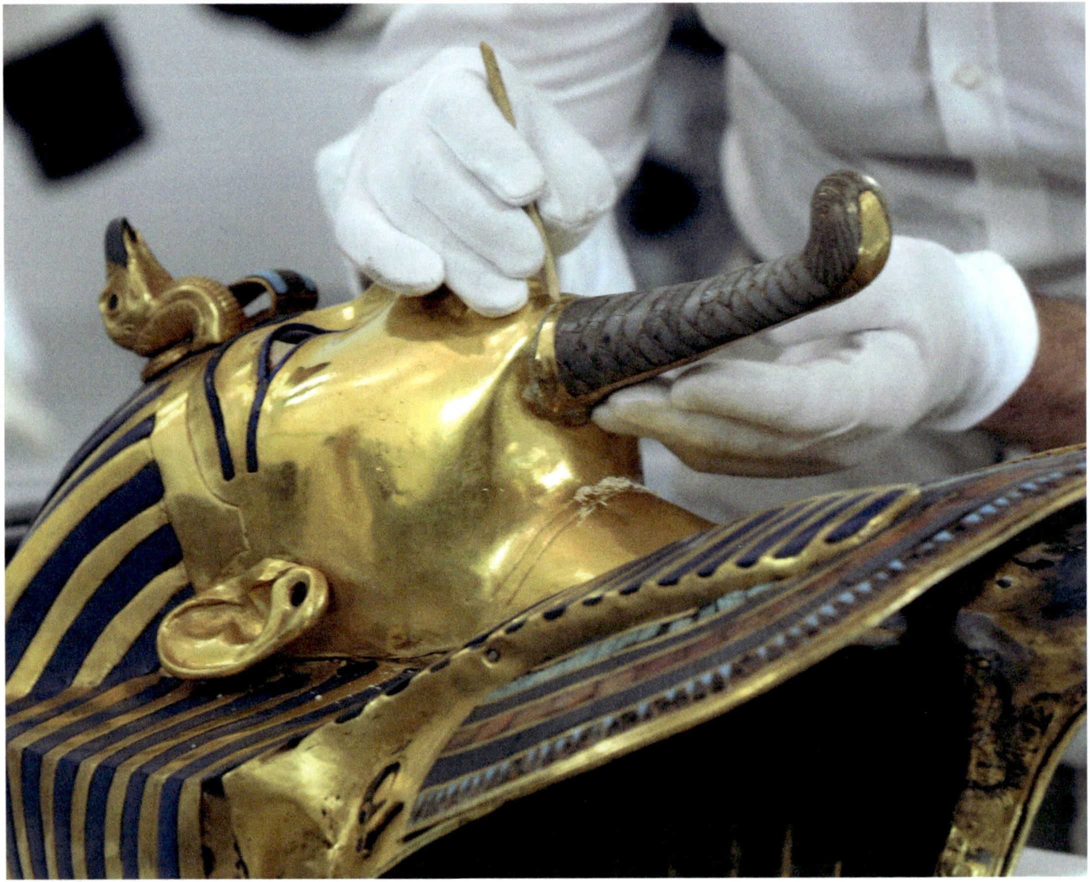

Kairo, Ägypten, 2014

HONIG UM DEN BART SCHMIEREN

Ob Mann Bart tragen soll, ist eine der großen Fragen. Wer hätte gedacht, dass sich dieser Herausforderung selbst ein ägyptischer König stellen muss – Jahrtausende nach seinem Tod? 1922 hatte der britische Archäologe Howard Carter nach langem Suchen das Grab des Pharaos im Tal der Könige bei Luxor entdeckt. Sein wertvollster Fund: Die Totenmaske von Tutanchamun, zwölf Kilo schwer. Man stellte sie im Ägyptischen Museum in Kairo aus. Als nun Putzkräfte beim Reinigen der Vitrine gegen die Maske stießen, fiel prompt der Bart ab. Eilig wurde er mit Kunstharz wieder befestigt. Aber zwischen Bart und Kinn war nun eine gelbliche Klebemasse zu erkennen, die auch noch auf das Gesicht des Pharaos getropft war. Acht Mitarbeiter des Ägyptischen Museums mussten sich in Kairo vor einem Disziplinargericht verantworten, und die anschließenden Restaurierungsarbeiten – von einem Expertenteam im Römisch-Germanischen Zentralmuseum in Mainz – dauerten mehr als zwei Monate. Diesmal wurde der Bart fachmännisch mit Honigwachs befestigt; das hatte man schon vor Jahrtausenden für solche Arbeiten verwendet.

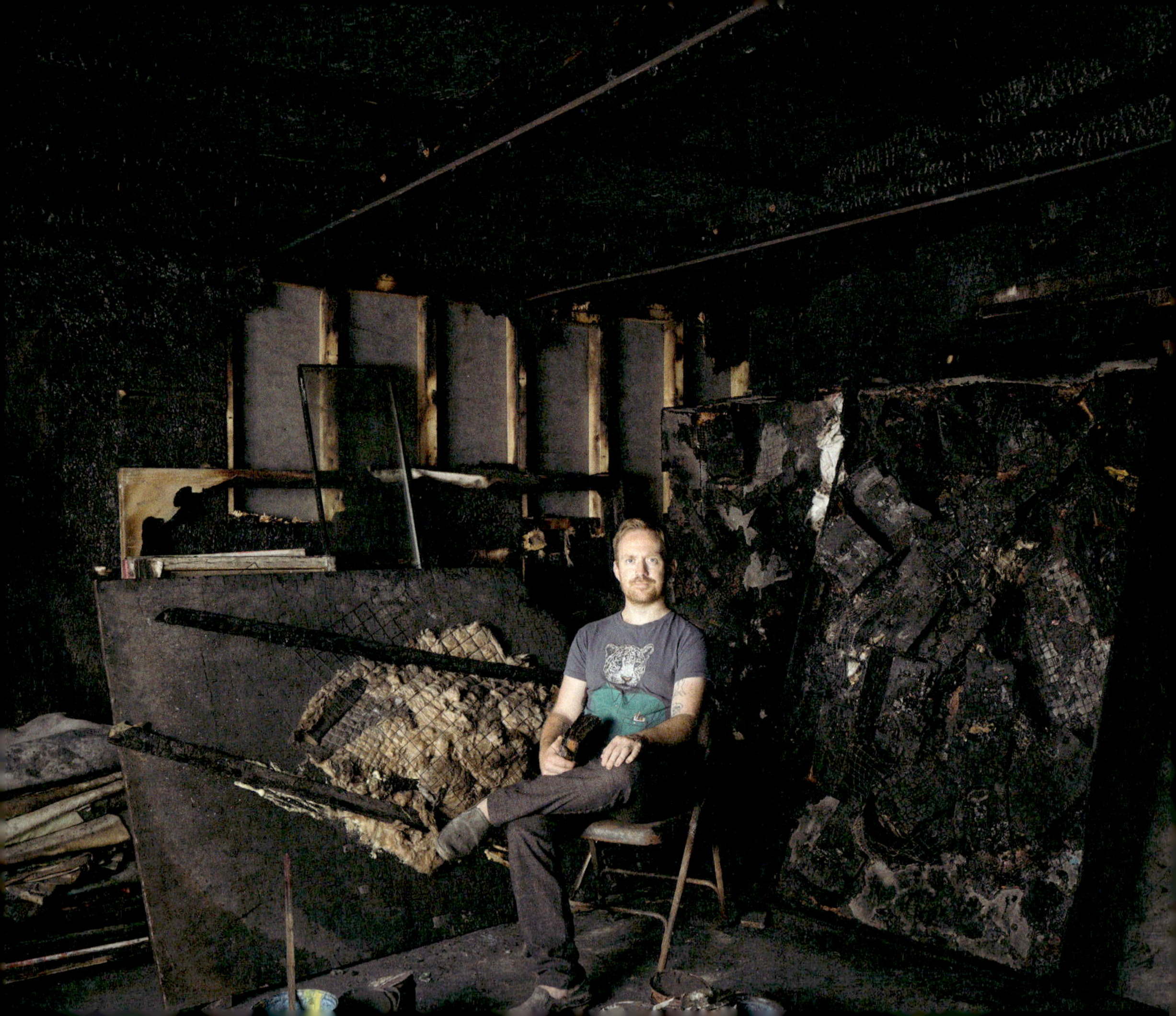

Oxford, England, 2020

WIE PHÖNIX AUS DER ASCHE

Manchmal wird für die Kunst auch der Künstler selbst zum Verhängnis: Nur noch der Feinschliff fehlte Tom de Freston – aber statt sein Werk zu vollenden, zerstörte er es. Mehrere Jahre hatte der Brite an seinem Projekt *I Saw This* gearbeitet, gemeinsam mit dem Dokumentarfilmer Mark Jones und dem syrischen Professor Ali Souleman. Ziemlich düster, denn de Freston erforscht in seinem Schaffen die dunklen Seiten der menschlichen Erfahrung, Leid und Tod. Er hatte einige Jahre zuvor begonnen, Feuer in seinen Werken zu verwenden. Auch diesmal wollte er die Leinwände mit dem Schneidbrenner veredeln – einen Tag, bevor sie besichtigt werden sollten.

»Ich stellte mich dem Ausmaß der Zerstörung Stück für Stück.«

Tom de Freston

▶ Aber als er den Brenner ansetzte, fing eines der Gemälde Feuer, dieses breitete sich in nur wenigen Minuten im Studio aus. Der Künstler stolperte durch dichten, schwarzen Rauch nach draußen, rief Nachbarn zu Hilfe und die Feuerwehr. Die Löscharbeiten dauerten vier Stunden. De Frestons Werk der letzten Dekade war komplett vernichtet – ausgerechnet von ihm selbst. Doch nach dem Brand beschloss er, mit den verbrannten Überresten weiterzuarbeiten, und schuf mit den neuen Werken eine große Einzelausstellung. Es gibt eben doch Licht in der Dunkelheit.

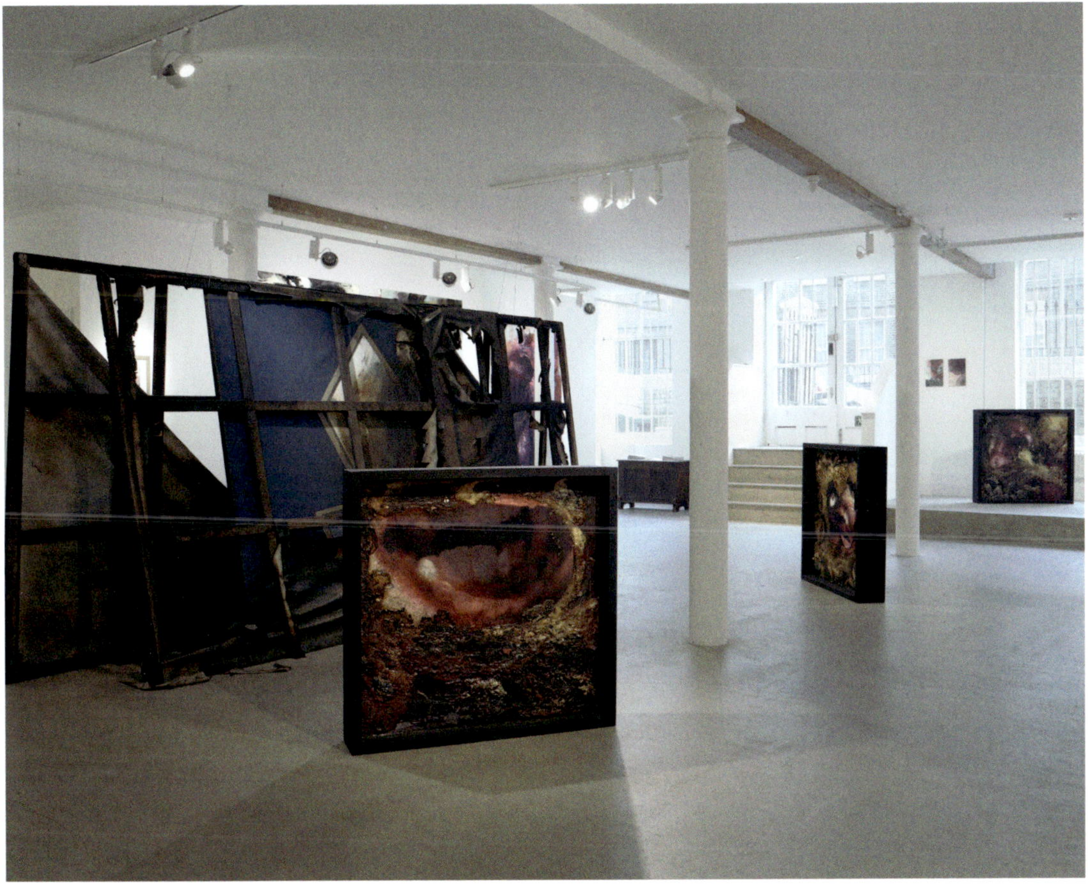

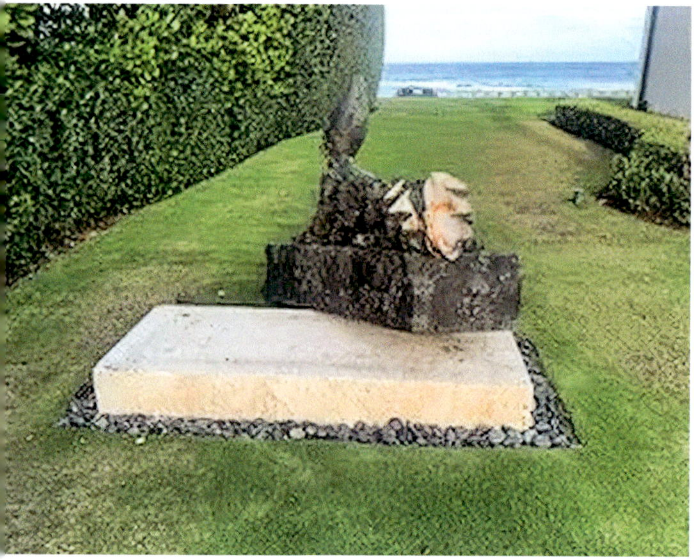

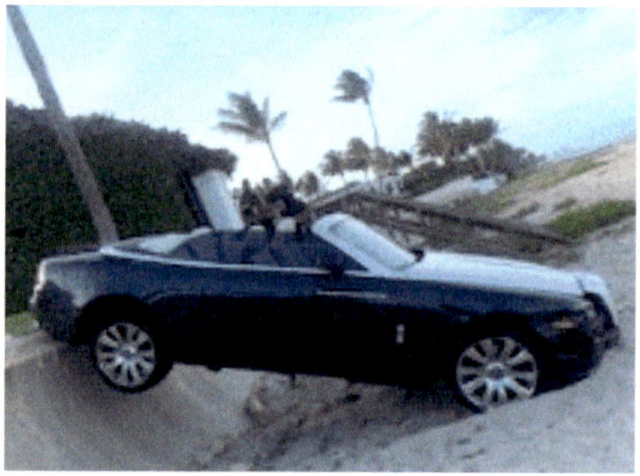

Palm Beach, Florida, USA, 2023

FIRST WORLD PROBLEMS

Wer das nötige Kleingeld hat, der kann sich ein Anwesen direkt am Strand von Palm Beach leisten. So wie das Ehepaar Steven und Lisa Tananbaum. Und dann gönnt man sich auch eine, nun ja, etwas ausgefallene Gartengestaltung: Die beiden haben auf einem kleinen Podest im Garten die *Sphinx* aufgestellt, eine Skulptur von Damien Hirst, 3 Millionen Dollar wert. Zumindest bis die 66-jährige Nachbarin mit ihrem Rolls-Royce über das Grundstück bretterte und das kostbare Stück rammte, bevor sie ohne Umwege weiter an den Strand fuhr. Danach behauptete sie, sich nicht daran erinnern zu können. Damien Hirst selbst kommentierte den Vorfall nur trocken auf Instagram: »First world problems«.

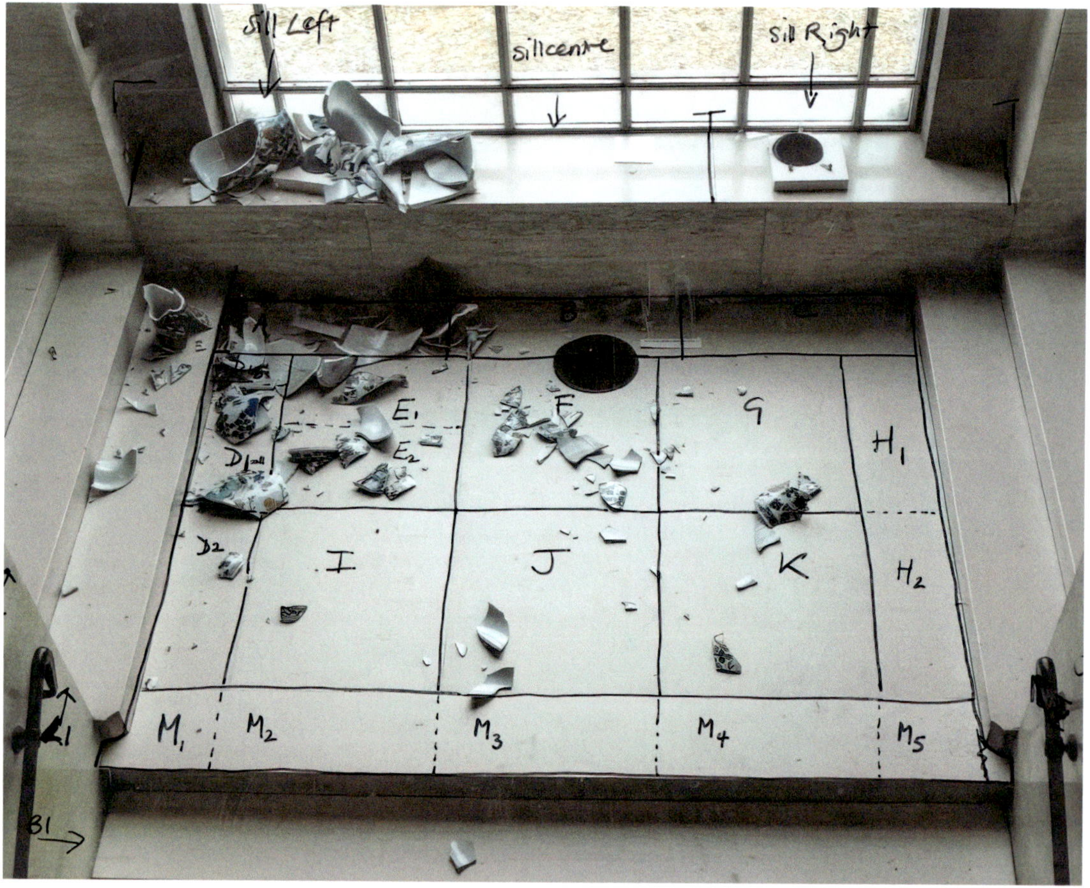
Sill Left
sillcentre
Sill Right
E1
E2
F
G
H1
H2
I
J
K
D2
M1
M2
M3
M4
M5
B1

Cambridge, England, 2006

SO GUT WIE NEU

Manche Menschen glauben, aus jedem Fehler lässt sich irgendetwas lernen. Im Fall von Nick Flynn: Schnürsenkel richtig zubinden. Wirklich. Mit Doppelschleife! Denn dann wäre all das nicht passiert. Der 42-jährige Brite besuchte eines Mittwochs das Fitzwilliam Museum in Cambridge, wie so oft in den letzten Jahren. Auf einem Fensterbrett neben der Treppe standen drei chinesische Vasen aus der Qing-Dynastie. Anthony de Rothschild hatte sie dem Museum im Jahr 1948 geschenkt. Jährlich waren 300.000 Menschen an ihnen vorbeigeströmt. Ohne dass etwas passiert war. Bis jetzt: Flynn drehte auf der Treppe um, stolperte wegen seiner offenen Schnürsenkel und taumelte in die Vasen. Sie zerbrachen in mehr als 400 Scherben. Der Lärm echote durch die Galerieräume. Flynn zog sich keine Verletzungen zu.

Mitarbeitende des Museums fotografierten die Szene und sammelten in mühsamer Kleinstarbeit die Fragmente der Vasen ein. Das dauerte fast drei

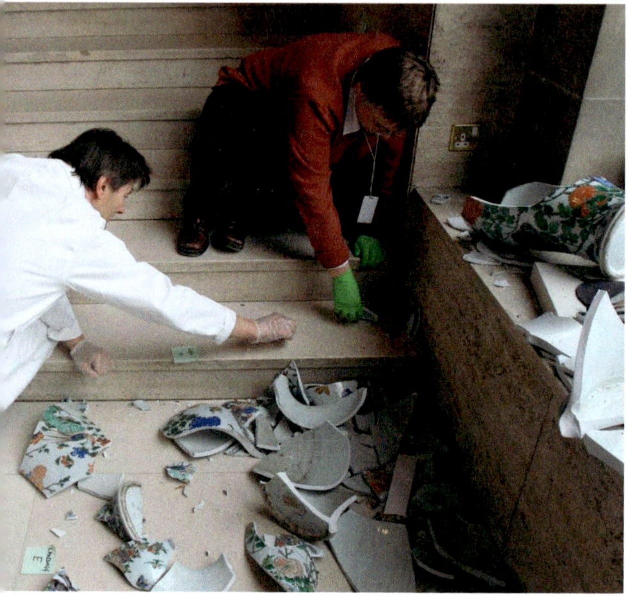

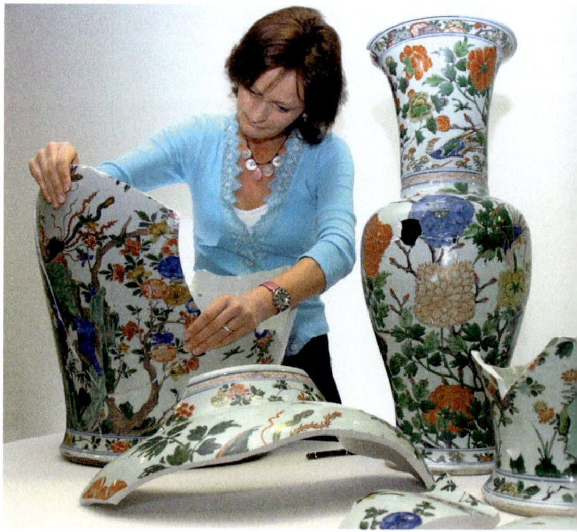

▸ Tage. Die als Erste getroffene Vase hatte den größten Schaden erlitten und bestand nun aus etwa 120 Scherben. Die mittlere Vase, der Balusterkrug, war in rund 100 Scherben zerbrochen, der Deckel in etwa 30, und die letzte Vase in 80 Hauptteile. Dazu kamen unzählige kleine Splitter. Doch die Konservatoren des Museums waren zuversichtlich, dass alle drei Vasen wieder zusammengesetzt werden könnten. Mit der Restaurierung beauftragte man Penny Bendall, eine Britin mit 18 Jahren Erfahrung im Umgang mit orientalischer Keramik. Sie schaffte es an einem einzigen Arbeitstag, die Fragmente zu sortieren. In einem aufwändigen Verfahren reinigte sie die Scherben, setzte und klebte die Vasen wieder zusammen. Anschließend bekamen die restaurierten Stücke einen neuen Platz im Museum – hinter Sicherheitsglas.

Vielleicht steckt im Fall der Vasen ja noch eine zweite Lehre: Selbst wenn etwas komplett zerstört ist und Rettung unmöglich erscheint, kann es wieder heil werden. Man muss nur daran glauben.

Essen, Deutschland, 2017

GOODBYE, DEUTSCHLAND!

Gar kein Bild ist besser als ein Bild mit einem Schaden, einem Fehler, sei er auch noch so klein. Das scheint Gerhard Richter zu denken. 1999 schuf er *Schwarz, Rot, Gold*, eine Deutschlandfahne aus Kunstharzfarbe hinter Glas. Sie entstand im Auftrag des Bundestages. Dieser bat zur Jahrtausendwende Kunstschaffende um Werke, die sich mit dem Reichstagsgebäude und seiner Geschichte auseinandersetzen. Das Objekt wurde an einer Aluminiumschiene mit Feder im Museum Folkwang in Essen aufgehängt. Dadurch entstand wohl zu viel Druck und, infolgedessen, ein winziger Sprung im Glas, kaum zwei Zentimeter lang. Für Richter ein Ding der Unmöglichkeit: Er strich vehement seine Signatur auf der Rückseite durch – und fertigte das Werk aufs Neue.

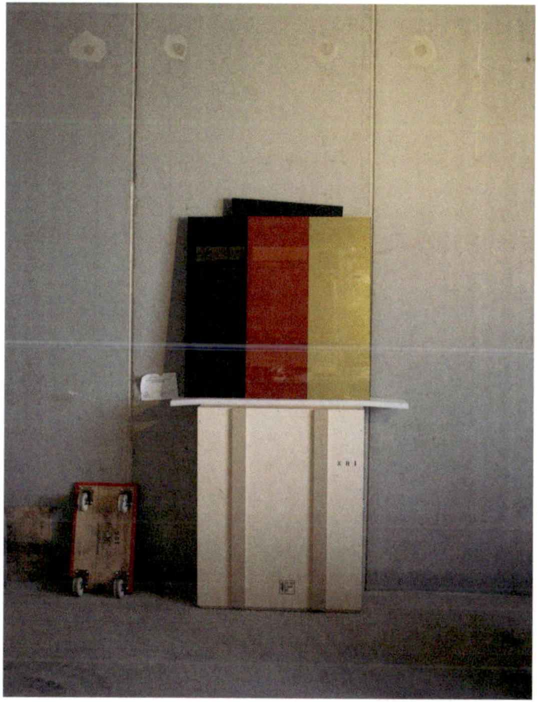

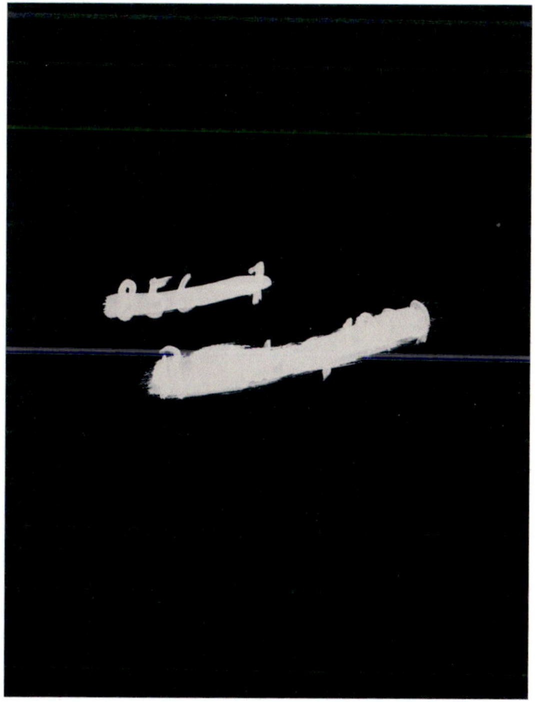

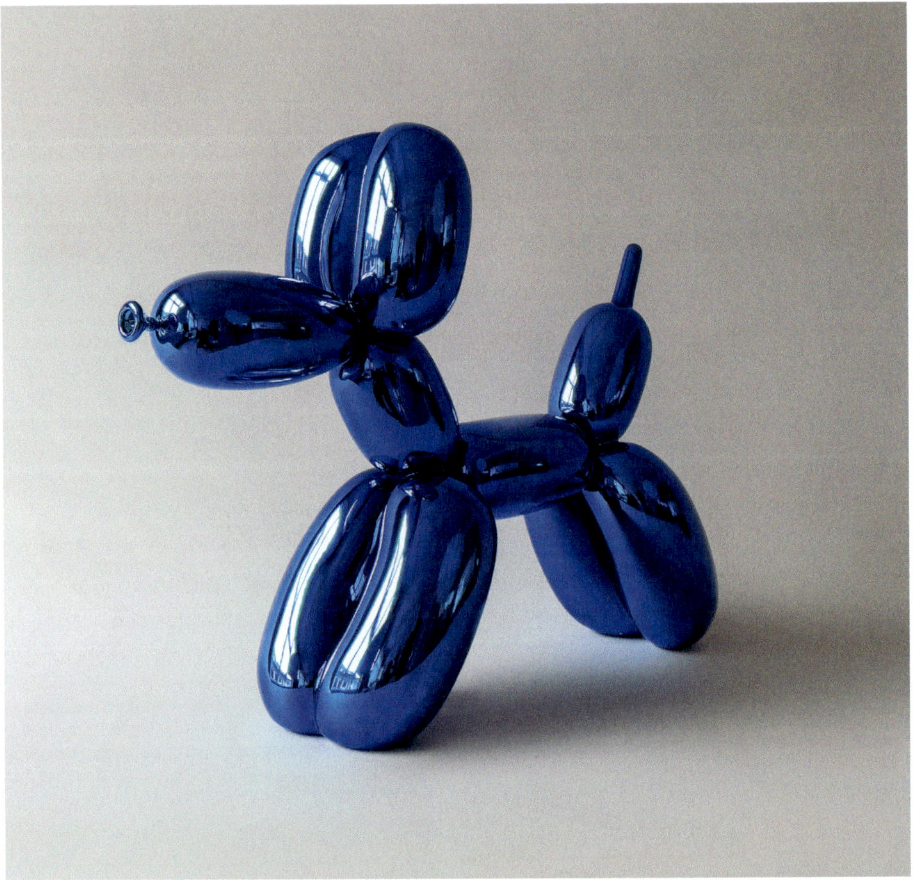

Miami, Florida, USA, 2023

MEHR ALS HEISSE LUFT

Jeff Koons ikonischer *Balloon Dog* aus der *Celebration*-Serie ist weltweit bekannt. Die Skulpturen sehen aus wie Ballontiere, die ein begeisterter Clown auf einem Kindergeburtstag gefertigt hat. Die großformatige Figur aus hochglanzpoliertem Edelstahl ist über drei Meter hoch, die kleinere Porzellanversion misst 40 Zentimeter Höhe. Eine der Porzellanskulpturen, in strahlendem Blau, wurde auf der Kunstmesse Art Wynwood in Miami ausgestellt. Ein Besucher soll versehentlich gegen den Sockel gestoßen sein. Der *Balloon Dog*, im Wert von rund 40.000 Euro, stürzte von seinem Podest und zerschellte in unzählige Splitter. Anwesende hielten den Unfall erst für eine Performance. Selbst die Überbleibsel hätten Kaufinteresse geweckt, berichteten Medien. Manchmal bringen Scherben dann wohl doch Glück.

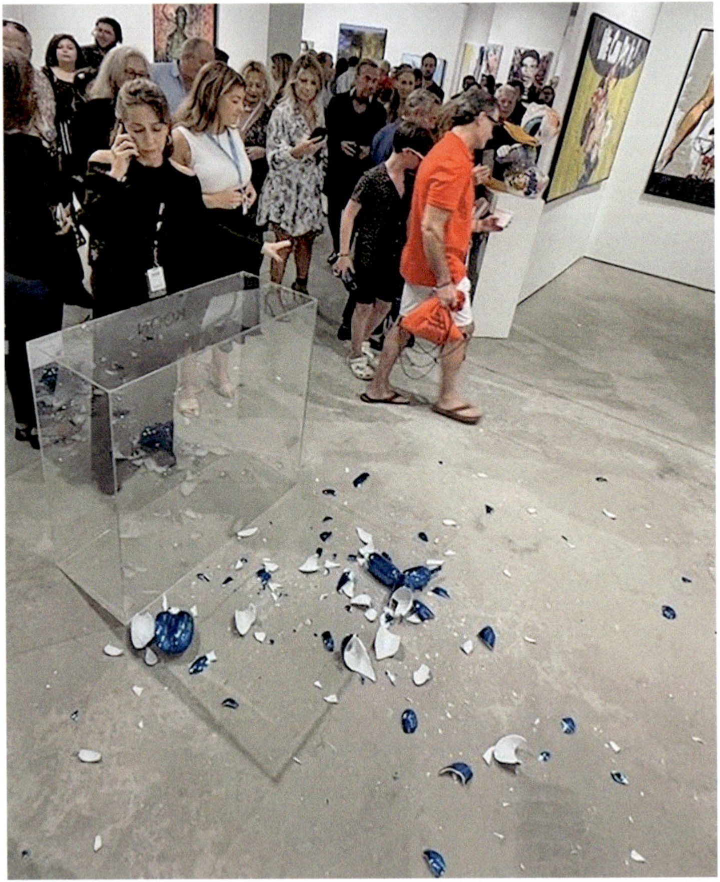

»Eine der verrücktesten Sachen, die ich je gesehen habe. Wie auch immer, ich habe versucht, die zerbrochene Skulptur zu kaufen.«

Stephen Gamson, Künstler

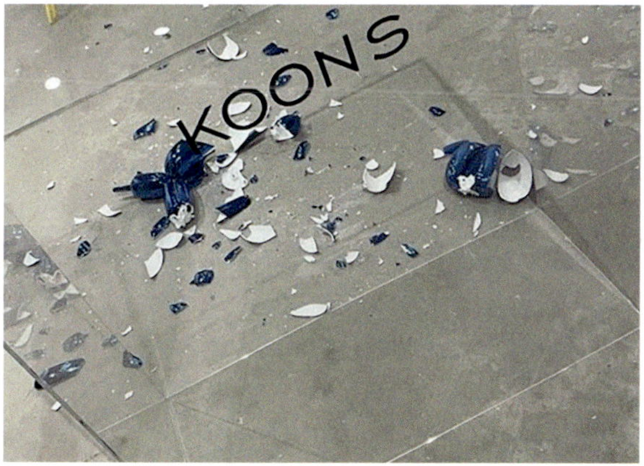

NACHWORT

Diese Geschichten zeigen: So manches kann einem Kunstwerk zum Verhängnis werden. Sei es eine restaurierende Rentnerin, unachtsame Teenager oder gar der eigene Schöpfer – wirklich sicher ist Kunst nie.

Und selbst Werke, die von all der menschlichen Ungeschicklichkeit verschont bleiben, sind dann doch einer anderen, unberechenbaren Kraft ausgeliefert: der Natur. Ein heftiges Unwetter ließ Ai Weiweis Riesenskulptur *Template* auf der documenta 12 einstürzen. Wiederaufbauen? Nö, meinte der chinesische Künstler. Er nahm es gelassen:

»Das ist keine künstlerische Katastrophe, sondern vielmehr ein neuer Anfang.«

TEMPLATE | *Ai Weiwei, 2007*

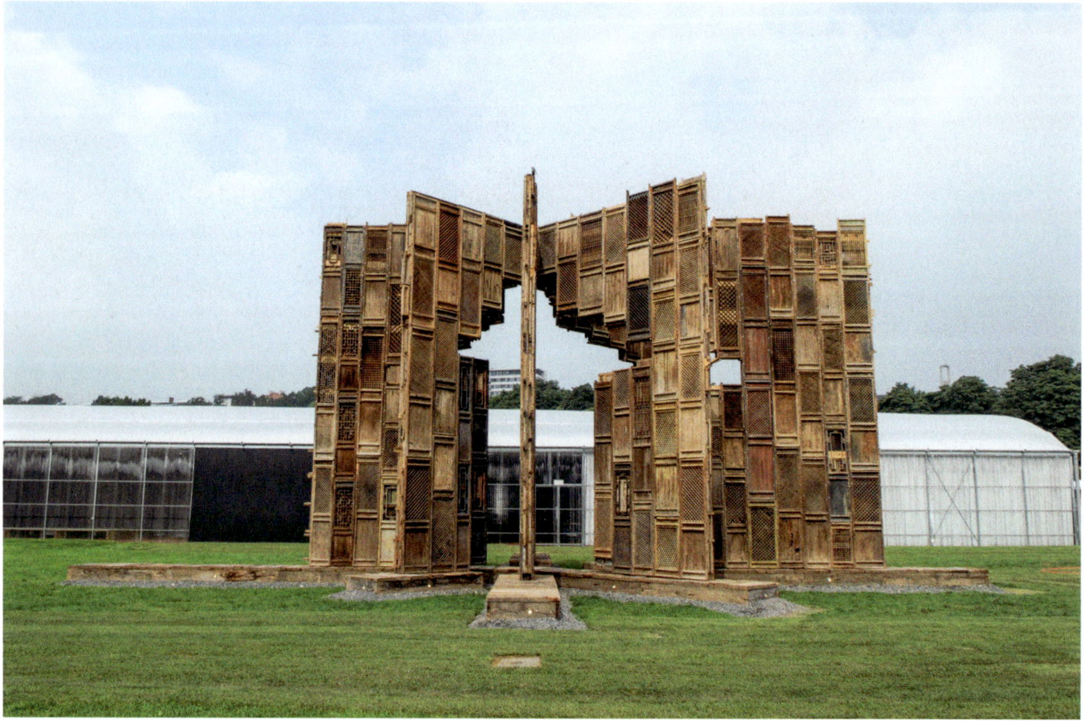

Kassel, Deutschland, 2007

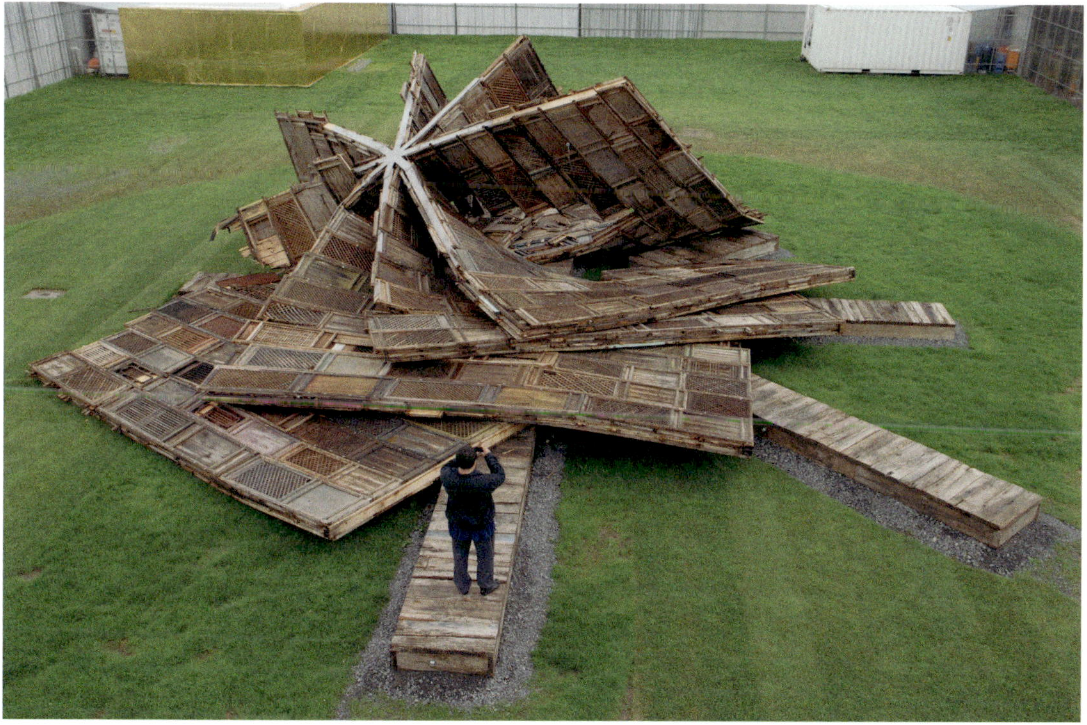

DANK

an Michèle Loetzner, ohne die nicht ich dieses Buch geschrieben hätte. An Vera Maas für die Ideen und unermüdliche Geduld. An Andrea Lehmann und Birgit Haermeyer für die Gestaltung. An Nina Goldt für den scharfen Blick. An die Künstlerinnen und Künstler für die Einblicke in ihr Schaffen. An meine Familie fürs Aushalten. An meine alten und neuen Kolleginnen (besonders Lilly, Carina, Maxi, Lea und Laura) und Franzi, Daniela, Caro, Marvin, Julia und Pia fürs Unterstützen. An Martin für den einen Titel und alles andere. An Paul für stetigen Rückhalt. An Anna, Angi, Nela, Jessie, Jess fürs Bleiben und Christina fürs Zurückkommen.

Cora Wucherer, geboren 1994, studierte Anglistik und Kunst, Musik, Theater an der Ludwig-Maximilians-Universität München und absolvierte die Deutsche Journalistenschule. Als freie Journalistin arbeitete sie u. a. für das SZ-Magazin und ZEIT ONLINE, seit 2022 ist sie Redakteurin beim ZEITmagazin ONLINE. Sie lebt in Berlin.

BILDNACHWEIS

Wir haben uns bemüht, alle Rechteinhaber ausfindig zu machen. Sollte dies in einem Einzelfall nicht gelungen sein, bittet der Verlag um Nachricht.

Umschlagvorderseite, 10 Fotos: picture alliance/dpa/Centro De Estudios Borjano | **13** Foto: picture alliance/dpa/Philippe De Poulpiquet | **14** Foto links: Bridgeman Images, Fotos rechts: picture alliance/dpa/Sammler/EUROPA PRESS | **17** Fotos: DSF/AFP via Getty Images | **18** Fotos: AFP Photo/Handout/Navarra Government | **21** Fotos: picture alliance/ASSOCIATED PRESS/Alberto Calleja | **22** Foto: picture alliance/imageBROKER/Therin-Weise | **24/25** Foto: Wikimedia Commons | **26** © Heather Wise, Foto: picture alliance/ASSOCIATED PRESS/Gino Donato | **29** © Heather Wise, Foto: Heidi Ulrichsen/sudbury.com | **33** © VG Bild-Kunst, Bonn 2024, Foto: picture alliance/dpa/Daniel Karmann | **34** © VG Bild-Kunst, Bonn 2024, Foto: picture alliance/NurPhoto/Rita Franca | **36** Städtische Galerie im Lenbachhaus und Kunstbau München, Schenkung Lothar Schirmer, München, © VG Bild-Kunst, Bonn 2024, Foto: Mario Gastinger | **39** © VG Bild-Kunst, Bonn 2024, Foto oben: picture alliance/dpa/Rolf Vennenbernd, Foto unten: picture alliance/dpa/Korpys/Löffler/Schmal | **40/41** © VG Bild-Kunst, Bonn 2024, Foto: picture alliance/REUTERS/Minwoo Park | **43** © Carol May | **44** © VG Bild-Kunst, Bonn 2024, Foto: Timo Kahlen | **46/47** © VG Bild-Kunst, Bonn 2024, Foto: Romana Menze-Kuhn | **48/49** © VG Bild-Kunst, Bonn 2024, Foto: picture alliance/dpa/Uwe Anspach | **50** © Estate of Martin Kippenberger, Galerie Gisela Capitain, Cologne, Foto: picture alliance/dpa/BERND THISSEN | **53** © Fundación Lotty Rosenfeld, Foto: Haupt & Binder, universes.art | **54, 56/57** © Anna Leporskaya, Fotos: picture alliance/ASSOCIATED PRESS/Uncredited | **58/59** © Michael Beutler, Foto: picture alliance/dpa/dpaweb/Werner Baum | **60/61** © Herman de Vries, Foto links: Isabella Geiger, Galerie Geiger, Konstanz, Foto rechts: Stephan Geiger, Galerie Geiger, Konstanz | **63** © Sven Gatter, Fotos links: Sven Gatter, Foto rechts: Burg Beeskow | **64/65** © Goldschmied & Chiari, Foto: Courtesy of Museion | **68** © Fernando de la Jara, Foto: picture alliance/Eibner-Pressefoto/Thomas Dinges/Eibner-Pressefoto | **71** © Fernando de la Jara, Foto: picture alliance/dpa/Feuerwehr Tübingen | **72** © Succession Picasso/VG Bild-Kunst, Bonn 2024, Foto: picture alliance/dpa/Afp Honda | **75** Fotos:picture alliance/ROPI/Cattaneo/Fotogramma | **76** © Anna Maria Bieniek | **78** © Simon Birch

I **80/81** Foto: Hyou Vielz I **83** © VG Bild-Kunst, Bonn 2024, Foto: Julian Baumann I **84** Foto: picture alliance/dpa/Khaled Elfiqi I **86/87, 89** © Tom de Freston, Fotos: Peter Mallet I **90** © Damien Hirst and Science Ltd. All rights reserved / VG Bild-Kunst, Bonn 2024, Fotos: Palm Beach Police Department I **92** Foto: picture alliance/empics/Fitzwilliam Museum I **94** Foto links: picture alliance/empics/PA, Foto rechts: picture alliance/empics/CHRIS RADBURN I **97** © Gerhard Richter 2023, Fotos: Julian Baumann I **98** © Jeff Koons, Foto: Ketterer Kunst GmbH und Co. KG I **100, 101** Fotos: Handout/Bel-Air Fine Art – ContemporaryArt Galleries/AFP I **104, 105** Courtesy of Ai Weiwei Studio

TEXTNACHWEIS

12 Daniel Knorr, zit. n.: »›Anschlag auf das kulturelle Erbe‹. Heiligenfigur in Spanien durch ›Restaurierung‹ verschandelt«, 27.06.2018, in: monopol-magazin.de I **16** Maria Luisa Menendez, zit. n.: »Maria mit Kind. Missglückte Restaurierung sorgt für Spott«, 11.09.2018, in: monopol-magazin.de I **20** Fernando Carrera, zit. n.: »Aus Liebe zur Kunst«, 14.11.2020, in: SZ.de I **28** Heather Wise, zit. n.: »Baby Jesus head sculptor finally breaks her silence«, 30.06.2017, in: sudbury.com I **37** Lothar Schirmer, zit. n.: »Skandal um Beuys-Badewanne. Gescheuerte Kunst«, 09.12.2011, in: Spiegel Online I **48** Romana Menze-Kuhn, zit. n.: »Anruf bei ... Frau Menze-Kuhn«, 04.02.2016, in: SZ.de I **56** Alexander Drozdov, zit. n.: »Museum Security Guard Adds Eyes to Painting's Faceless Figures«, 16.02.2022, in: nytimes.com I **70** Boris Palmer, zit. n.: »Heillos verklemmt«, 22.06.2014, in: SZ.de

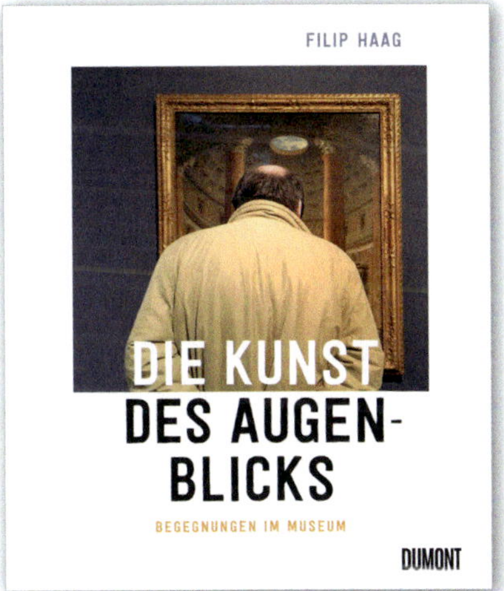

112 Seiten / 978-3-8321-6904-6

»Filip Haag zeigt herrlich skurrile Momente, die er in Museen erspäht hat – in denen Mensch und Werk miteinander verschmelzen.«

Tanja Kokoska, FRANKFURTER RUNDSCHAU

Eine außergewöhnliche Tour durch bedeutende Museen der Welt, bei der die Begegnung mit alten Bekannten wie Tizian, Alberto Giacometti oder Niki de Saint Phalle zu einem neuen Erlebnis wird.

Das bei der Produktion dieses Buches entstandene CO_2 wurde durch die Finanzierung von Klimaschutzprojekten kompensiert: climate-id.com/17531-2110-1001/de

2. Auflage 2024

Gestaltung: Andrea Lehmann, Birgit Haermeyer
Reproduktion: PPP Pre Print Partner, Köln
Druck und Verarbeitung: Belvédère, Oosterbeek
Printed in Slovenia

MIX
Papier | Fördert gute Waldnutzung
FSC® C016391

ISBN 978-3-8321-6940-4
www.dumont-buchverlag.de